알아두면 쓸모 있는 세금 상식사전

상속·증여 절세법

알아두면 쓸모 있는 세금 상식사전

상속·증여 절세법

택스코디 지음

다온북스

"왜 사람들은 세금에 대해 알려고 하지 않을까요?"

'세금' 하면 '재미없다', '배우기 어렵다'라는 생각이 먼저 떠오르지만, 세금처럼 우리 일상생활과 밀접한 관련이 있는 분야도 없습니다. 일상 대화에서도 세금 이야기가 많이 등장합니다. 다만 대부분 사람이 어려워할 뿐이죠. 용기를 내어서 세금 관련 책도 읽은 적이 있을 것입니다. 그리고 그때마다 몇 장도 못 읽고 포기했을 것입니다.

세금은 재미있지는 않지만, '생각만큼 어렵지 않다'라는 것을 이 책을 통해 알리고자 노력했습니다. 그리고 이 책 『알아두면 쓸모 있는 세금상식사전』은 바로 당신을 세금과 친해질 수 있게 만드는 기회를 제공할 것입니다. 간결하고 쉬운 문장으로 다양한 세금 이야기를 짤막하게 서술해 세금에 대해서 다시 생각해보는 계기가 될 것입니다. 아울러 세금을 지식이 아닌 상식의 차원으로 확장하려고 노력했습니다.

상속·증여세는 오랫동안 부자들만 내는 세금이라고 생각해 왔습니다. 그런 이유로 대부분 사람은 상속·증여와 상속·증여세 절세법에 대해서는 잘 모르는 게 현실입니다. 이 책은 제가 운영하는 블로그 (택스코디의 아는 만큼 돈 버는 세금 이야기) 게시글 중 조회 수가 높은 사례를 위주로 관련 지식과 노하우를 알기 쉽게 풀어쓴 결과물입니다.

그렇다면 어떻게 절세해야 할까요? 먼저 상속세 절세 노하우로 배우자상속공제, 동거주택상속공제, 기업상속공제, 연부연납 제도 등을 잘 알아보고 처한 상황에 맞게 잘 활용해야 합니다.

또 증여세 절세 노하우로 손자녀 증여, 부담부증여, 보험상품, 주식 등을 잘 알아보고 잘 활용할 줄 알아야 합니다.

혹시 금융거래 내역으로 상속세를 조사하고 추징한다는 내용은 알고 있나요? 또 세뱃돈, 축의금, 유학비처럼 일상생활 속의 증여행위에는 무엇이 있을까요? 이 책에 자세하게 담아 놓았습니다. 나아가 절세라는 측면에서 건강보험료 부과체계 2단계 개편과 추후 시행 예정인 금융투자소득 과세와 가상자산소득 과세도 꼭 알아야 합니다. 이 책으로 합법적으로 절세할 수 있는 통찰력을 키워봅시다.

이제 상속세가 남의 일이라고 생각했던 이들도 더는 남의 일이 아니라고 느끼고 정보를 구합니다. 최근 자산의 가치가 많이 상승해서 상속세 대상이 될 사람들이 대폭 증가했기 때문입니다. 이에 세금에 대한 사람들의 관심이 전반적으로 커지면서 '복잡한 세금까지 신경 써야 하나'라고 생각하던 사람들도 이젠 세금을 아끼는 것이 재테크의 첫걸음이라는 것을 알게 됐습니다.

어떻게 재산을 물려줄 것인지는 평생을 살아가면서 고민해야 하는 숙제입니다. 하지만 구체적으로 어떤 방법으로 실행할 것인지 결정하기가 쉽지 않습니다. 이유는 상속은 피상속인이 평생에 단 한 번만 하는 것이고, 증여 또한 자주 접할 수 있는 것은 아니기 때문입니다. 상속이나 증여를 고민하는 자산가를 만나보면 공통으로 하는 이야기가 있습니다. 많은 전문가를 만나도 저마다 조언이 다르고, 결정적으로 전문가라고 하는 사람들이 진짜 전문가가 맞는지 의구심마저 든다는 것입니다. 맞습니다. 상속과 증여는 정답이 없기 때문입니다.

만약 당신이 일정 수준 이상의 재산을 갖고 있다면, 상속과 증여에 대한 고민이 있을 것입니다. 무엇을 선택해야 할지, 어떤 방법이 좋을지 막막하기만 합니다. 전문가를 찾아가도 어디까지 신뢰할 수 있을지 불안하기는 마찬가지입니다.

이 책은 이런 사람들이 최대한 절세하면서 재산을 물려줄 수 있는 안전한 길을 안내합니다.

이제 상속세와 증여세는 일부 계층만의 문제가 아닙니다. 시가가 10억 원 이상인 아파트 한 채만 남겨도 상속세가 부과될 수 있고, 결혼하는 자녀를 위한 부모님의 지원에도 증여세가 부과되는 것이 현실입니다. 이것은 세밀해진 조세 행정이나 점점 진화하는 금융시스템과도 무관하지 않습니다. 그러나 이런 현실 속에서도 이 책을 통해 세법을 조금만 이해한다면 절세를 위한 아이디어는 자신의 상황을 가장 잘 아는 본인에게서 더 많이 나올 수도 있다고 저는 확신합니다.

여전히 증여 열풍은 불고 있습니다. 2016년부터 조금씩 늘기 시작했던 증여가 2018년부터 폭증하기 시작해 2020년에는 43조 6,000억 원가량으로 집계되었습니다. 무려 2.39배나 증가된 수치입니다. 왜 사람들은 증여하는 것일까요?

다른 세금 부담이 너무 크기 때문에 그나마 상대적으로 세 부담이 덜한 증여를 통해 다른 세금을 줄이기 위한 것이라고 분석됩니다. 부동산 정책의 변화로 인해 다주택자의 양도소득세 세율이 살인적으로 올랐기 때문입니다. 주택가격이 천정부지로 치솟는 상황에서 양도소득세를 생각하면 매도해야 하고, 하지만 가지고 있으면 계속 오를 것 같으므로 결국 자녀에게 부를 이전하는 쪽으로 현명한 선택을 하는 것입니다.

하지만 준비되지 않은 상태에서 하는 증여는 절대로 바람직하지 않습니다. 그동안 수없이 많은 사람에게 강의하면서 후회하는 것 중 하나가 준비하지 않고 증여했다가, 자신은 기억도 하지 못하고 있는 사이 발생했던 사전증여로 인해 세금폭탄을 맞기 일쑤였기 때문입니다.

상속이든 증여든 그래서 사전에 준비해야 하며, 전문가와 상담할 때에도 대략적인 내용을 알고 가야 더 절세할 수 있습니다.

이 책은 어렵다고만 생각해 증여세와 상속세를 외면하고 있다가 결국 큰 대가를 치르게 될지도 모르는 일반인들(현재 수도권에 집 한 채만 있어도 고율의 상속세 또는 증여세를 내야 한다.)을 위해 썼습니다. 그동안 직간접적으로 경험했던 다양한 사례들을 통해 쉽고, 유용한 정보들을 얻을 수 있는 세법 대중서라고 자신합니다.

차례

1장

알아두면 쓸모 있는
상속·증여세 차이점

증여세와 상속세는 부자들의 이야기가 아니다

"상속세를 내는 사람과 친하게 지내세요"라는 우스갯소리가 있을 만큼 과거 상속세는 '부자의 세금'이란 인식이 있었죠. 이는 다른 세목과 달리 비교적 큰 공제제도로 웬만해서는 세금이 발생하지 않았기 때문입니다. 하지만 현재는 상속세 납부 여부가 부자를 가늠하는 척도가 되지 않습니다. 최근 몇 년간 자산의 가치 상승이 고공행진을 이어오면서, 수도권에서는 집 한 채만 있어도 상속세를 걱정하는 상황이 되어버렸기 때문입니다.

오히려 모두가 당사자 혹은 주변인으로서 겪게 될 세금이자 반드시 준비해야 할 세금이 되었습니다. 그래서 미래의 상속세를 절세하기 위해서 대비를 해야 합니다.

그런데 세금 관련된 용어부터 어렵습니다. 공부하기 만만치 않다는 것도 사실입니다. 그렇다면 믿음직한 세무사에게 모든 걸 맡기기만 하면 될까요? 물론 대답은 '아니오'입니다. 이미 자산 관리 전문 세무사와의 상담 예약은 몇 개월을 대기해야 하고, 더구나 수시로 바뀌는 부동산 정책에 따른 국세청의 세법 판단이 바뀌는 경우도 더러 있습니다. 그렇다면 부동산 단톡방이나 카페 같은 곳에 익명으로 본인의 고민을 올려 비전문가들의 답변을 들으면 어떨까요? 이 물음에 대한 답도 당연히 '아니오'입니다. 세금은 개개인의 상황이나 자산 형태를 모두 알아야 정확하게 판단 및 계산할 수 있기 때문입니다.

상속·증여세 최고 세율은 과세표준 30억 원 이상 시 50%의 세율을 적용받고, 그 이하의 증여 시에는 10%~40%로 더 낮은 증여세율이 적용됩니다. 또 증여세는 지방세가 존재하지 않기 때문에 최고 세율을 비교했을 때 양도소득세와 비교해 상대적으로 세 부담이 적습니다.

대한민국은 유산을 주는 사람 기준으로 세금을 부과하는 '유산과세형' 방식을 취하고 있습니다. 고인의 재산 총액에 맞춰 세율이 적용되기 때문에 유산을 받는 상속인 기준으로 과세하는 유산 취득형 방식과 비교해 더 높은 고율을 적용받을 수밖에 없습니다. 최근 기획재정부에서 상속세 개선 방안에 대한 검토가 있었지만, 세율과 과세 방식 개정은 이뤄지지 않았습니다.

그리고 천정부지로 치솟는 주택가격으로 인해 상속세는 부자만의 세금이 아니게 되었습니다. 부모님이 열심히 일궈놓은 주택이 서울에 한 채라도 있다면 상속세 과세대상이 될 수 있기 때문입니다. 실제로 국세 통계를 통해 2016년 상속세 신고 인원은 6,217명이었으나 2020년에는 1만 1,521명으로 2배 가까이 늘어 났으며, 상속세 신고 재산 가액 규모도 껑충 뛰었음을 알 수 있습니다.

상속세 및 증여세율이 20년 넘게 변동되지 않았다는 것은 세율에는 그동안의 인플레이션이 반영되지 않는다는 것을 의미합니다. 즉 20년 전에 5억 원에 취득한 부동산이 현재 20억 원이 되었다면 부동산 가치는 20년 동안 4배가 올랐지만, 상속세 및 증여세율은 20년 넘게 변동이 없었습니다. 하지만 재산 가치 증가가 적용되는 누진세율은 고율이어서 결국 세금은 높아지게 됩니다.

과세표준에 따른 산출세액 계산표를 참고하여 간단히 계산해보면 20년 전 5억 원이던 아파트 한 채에 대한 산출세액은 9,000만 원이지만, 가격이 폭등해 오른 현재 20억 원에 대한 산출세액은 6억 4,000만 원으로 7.1배 이상 증가한 것을 알 수 있습니다. 이처럼 상속세와 증여세의 세수 비중과 세수 총액이 매년 늘어나게 될 것은 당연합니다. 이는 곧 우리가 상속과 증여를 하루빨리 준비해야 하는 이유이기도 합니다. 미리 준비하지 않은 상속·증여는 세금폭탄을 돌리는 것과 같습니다. 자녀에게 세금폭탄이 아닌 부모의 정성과 가족에 대한 사랑이 온전히 전해지길 바란다면 지금부터 상속과 증여를 설계해야 합니다.

누구를 중심으로
세금을 계산하나

상속세와 증여세는 모두 대가를 지급하지 않고 받게 된 재산에 대해서 내는 세금입니다. 상속세와 증여세의 세율도 같습니다. 상속 또는 증여재산에서 공제 등을 차감한 과세표준 구간에 따라 10%에서 50%의 세율이 적용됩니다.

그러나 상속세와 증여세는 다음과 같은 중요한 차이가 있으며, 이 차이를 잘 알아야 절세 포인트를 찾을 수 있습니다.

증여세는 재산을 주는 사람이 살아 있을 때 재산을 받은 상황에 내는 세금입니다. 반면 상속세는 재산을 주는 사람의 사망으로 인해 재산을 받는 상황에 내는 세금입니다. 상속세와 증여세의 구분은 재산을 받는 시점에 재산을 주는 사람의 생사(生死)에 달려 있죠.

상속세와 증여세의 가장 큰 차이는 '누구를 중심으로 세금을 계산하느냐'입니다.

상속세는 사망한 분을 중심으로 그의 모든 재산을 합해서 계산합니다. 예를 들면 사망한 A 씨의 상속재산이 20억 원이라면, 상속인이 몇 명인지에 관계없이 20억 원 전체에 각종 상속공제를 차감해 상속세를 계산하여, 상속인들 각자가 상속받은 재산에 따라 비율대로 상속세를 나누어 내면 됩니다.

반면 증여세는 증여를 받은 사람(수증자)별로 세금을 계산해 각자 납세의무가 발생합니다. 예를 들면 B 씨가 세 명의 자녀에게 각각 10억 원씩 총 30억 원을 증여했다면, 자녀들은 각자 증여받은 10억 원에 대한 증여세를 계산해서 납부하면 됩니다.

정리하면 상속세는 상속인 몇 명이 나누어 갖는지 상관없습니다. 돌아가신 분의 재산을 모두 합해 누진세율이 적용되기 때문입니다. 하지만 증여세는 여러 명에게 금액을 쪼개서 나누어 주면, 수증자 한 명당 누진세율이 낮아지기 때문에 한 명한테 몰아서 주는 것보다 총 세금이 줄어듭니다. 이것이 절세 포인트입니다.

예를 들어 기혼 자녀 한 명에게 2억 원을 증여하는 것보다는 자녀와 자녀의 배우자(사위 또는 며느리)에게 각각 1억 원씩 줄 때

알아두면 쓸모 있는 세금 상식사전 **상속 증여 절세법**

600만 원의 증여세를 아낄 수 있습니다. (아래 표 참조)

🎐 수증자 수에 따른 증여세

구분	1명에게 주는 경우	2명에게 나누어 주는 경우	
수증자	자녀	자녀	사위 또는 며느리
증여재산가액	2억 원	1억 원	1억 원
증여 공제	5천만 원	5천만 원	1천만 원
과세 표준	1억 5천만 원	5천만 원	9천만 원
증여세	2천만 원	500만 원	900만 원

상속세는
연대 납세의무가 있다

자산가 A 씨는 사망하기 전 고민이 많았습니다. 고령인 데다 최근 건강이 좋지 않아졌기 때문입니다. 만약 A 씨가 사망한다면 자산은 자녀들이 상속받을 예정입니다. 배우자는 이미 몇 년 전에 사망했습니다. A 씨는 슬하에 두 명의 자녀를 두고 있는데, 첫째는 착하고 성실하여 큰 걱정이 없었지만 둘째는 게으르고 낭비벽이 있어 평소 고민이 됐습니다.

A 씨가 사망하면 어차피 두 자녀가 반씩 나누어 상속을 받게 될 텐데 둘째의 경우 일시에 많은 재산을 상속받았을 때 탕진할 수 있을 것이 우려됐습니다. 첫째에게 더 많은 재산을 물려주고 싶었던 A 씨는 재산에 욕심을 내지 않고 둘째와 공정하게 반씩 나누어 가지겠다는 첫째의 마음씨를 기특하게 여겼고, 걱정되었지만 더 이상 상속재산의 분배에 대해 고민하지 않았습

알아두면 쓸모 있는 세금 상식사전 **상속 증여 절세법**

니다. 몇 년 뒤 A 씨는 별다른 유언 없이 100억 원의 상속재산을 남기고 사망했습니다.

　장례를 무사히 치른 두 자녀는 절반씩 상속재산을 나누어 가지기로 합의하고 세무사에게 물어보니 100억 원의 상속재산이라면 대략 40억 원의 상속세가 나온다고 하였습니다. 첫째는 '둘째와 50억 원씩 나누어 가지고 세금도 절반씩 20억 원씩 내고 나면 30억 원의 상속재산이 남겠구나'라고 생각하였습니다. 세금이 아깝긴 했지만 30억 원이면 본인이 크게 무리하거나 욕심을 부리지 않는다면 본인의 노후를 편안하게 보낼 수 있을 것 같았고, 이러한 재산을 물려준 아버지께 감사했습니다. 하지만 둘째의 생각은 달랐습니다. 거액을 상속받는다는 소식을 접한 지인들이 같이 사업을 하자고 유혹하는 사람이 많아졌고, 이러한 유혹에 넘어가 상속재산 50억 원을 가지고 더 큰 돈을 벌고자 한 것이었습니다. 욕심이 많았던 둘째는 사기를 당해 두 달 만에 본인이 상속받은 50억 원뿐만 아니라 얼마 없던 본인의 재산까지 모두 날리고 말았습니다.

　첫째는 둘째의 상황이 안타까웠지만 어쩔 수 없었습니다. 차라리 아버지의 말씀대로 자신이 많이 받고 관리하면서 동생을 도와줬더라면 이런 일은 발생하지 않았겠구나 하며 자책하기도 했습니다. 하지만 이미 엎질러진 물이었습니다. 동생을 타산지석으로 삼아 본인은 무리하지 않고 상속재산 30억 원을 잘 지켜야겠다고 생각하였습니다. 하지만 몇 달 후 첫째에게는 아버지의 상속재산 50억 원 중 10억 원밖에 남지 않았고, 편안한 노후를 보내려던 계획은 물거품이 되어버렸습니다. 도대체 첫째에게 무슨 일이 있었던 것일까요?

첫째에게 남은 상속재산이 30억 원이 아닌 10억 원이 된 이유는 상속세의 연대납세의무 때문입니다. 둘째는 50억 원을 상속받았지만, 투자로 인해 모두 날려버렸습니다. 두 자녀가 내야 할 상속세 합계 40억 원 중 본인 몫인 20억 원을 낼 수 없게 된 것이었습니다. 이렇게 둘째가 50억 원을 상속받았음에도 불구하고 본인 몫의 상속세를 내지 못하게 되면 첫째가 둘째의 상속세까지 내야 합니다. 이것이 상속세의 연대납세의무입니다.

따라서 첫째는 50억 원의 상속재산 중 본인이 내야 할 상속세 20억 원뿐만 아니라 동생의 상속세 20억 원까지 내야 했고 40억 원의 세금을 내고 나니 10억 원밖에 남지 않은 것입니다. 자기 몫의 세금만 내면 되는 줄 알았던 첫째는 굉장히 억울할 수밖에 없는 상황입니다. 물론 이렇게 다른 상속인의 상속세를

알아두면 쓸모 있는 세금 상식사전 **상속 증여 절세법**

대신 내준 후에 구상권을 청구할 수는 있습니다. 하지만 이미 빈털터리가 되어버린 둘째에게 구상권을 청구해봤자 받을 수 있는 것은 없습니다.

만약 첫째가 상속세 연대납세의무라는 것을 미리 알았더라면, 그리고 둘째가 상속세를 내지 않고 상속재산을 탕진해 버려 본인이 그 세금까지도 내야 한다는 것을 알았다면 어땠을까요? A 씨가 상속재산을 더 주려고 했을 때 받았을지도 모릅니다. 아버지의 재산에 욕심을 내지 않았던 것이 오히려 큰 화가 되어 돌아온 것입니다.

2장

알아두면 쓸모 있는
상속·증여세 과세표준
및 세금 구하는 법

증여세의 '계산 구조'를 알아야 절세한다

세알못 : 아버님이 두 채의 아파트를 가지고 있습니다. 다른 사람에게 임대 중인 1채를 증여하려 합니다. 최근 바로 옆집이 3억 원에 거래되었고 전세보증금 1억 5천만 원, 다른 대출은 없습니다. 제 나이는 35세이며 지금까지 부모님으로부터 한 번도 증여를 받은 적은 없습니다. 증여세는 얼마나 나올까요?

택스코디 : 증여세 계산은 아래와 같습니다.

- 증여받은 재산 + 10년 내 증여 가산액 – 비과세 – 부담부 담보채무액

  ↓

- 증여세 과세가액 – 증여재산공제(배우자 6억, 직계비속 성년 5천만 원·미성년 2천만 원, 기타친족 1천만 원)

  ↓

- 증여세 과세표준 × 세율

  ↓

- 증여세 산출세액 − 신고세액공제 3% − 증여세액공제
  ↓
- 자진납부세액

증여세 과세대상 금액은 부모님 등으로부터 받은 재산 가액에 10년 이내에 동일인으로부터 증여받았던 가액을 합산합니다. 이를 합산하는 이유는 10년마다 배우자 간에 6억 원, 성년 자녀에게는 5천만 원을 공제하기 때문입니다. 그런 다음 해당 증여재산에 부모님 등 증여자가 상환할 부채가 있는 경우 이를 차감합니다.

따라서 증여세 과세대상 재산 가액은 1억 5천만 원 (3억 원 − 1억 5천만 원)입니다.

또 부모님 등 증여자로부터 받은 증여재산 전체에 증여세를 부과하진 않습니다. 일정액 이하의 재산증여에 증여세를 물리지 않기 위해 증여재산공제를 차감하고 있습니다. 증여재산 공제는 10년마다 아래 금액을 차감합니다. 단, 증여공제를 적용받기 위해선 재산을 받는 수증자가 거주자이어야 합니다.

⊟ 증여재산공제 한도액

	배우자	직계존속	직계비속	기타친족	그 외
공제 한도액	6억 원	5천만 원 (수증자가 미성년자인 경우 2천만 원)	5천만 원	1천만 원	없음

- 성년 : 민법상 기준이며 현재 만 19세임
- 친척 : 6촌 이내 혈족, 4촌 이내의 인척

과세표준은 아래와 같이 계산됩니다.

- 과세표준 = 1억 5천만 원(증여세 과세가액) - 5천만 원(직계비속공제) = 1억 원

증여세와 상속세의 세율은 같으며 다음과 같습니다.

과세표준	세율	누진공제액
1억 원 이하	10%	-
1억 원 초과 5억 원 이하	20%	1천만 원
5억 원 초과 10억 원 이하	30%	6천만 원
10억 원 초과 30억 원 이하	40%	1억 6천만 원
30억 원 초과	50%	4억 6천만 원

- 산출세액=1억 원×10%=1,000만 원입니다.

증여세는 증여일이 속한 달의 말일부터 3개월 이내에 자진해 신고만 하면 신고세액공제라는 이름으로 3%의 세금을 깎아주며, 10년 이내 증여재산 가산액에 대한 과거 증여세 납부세액은 차감합니다.

따라서 자진납부할 세액은 970만 원(신고세액공제 1,000만 원 × 3% 차감한 금액)입니다. 참고로 2016년부터 증여세는 현금납부만 가능합니다.

상속세의 '계산 구조'를 알아야 절세한다

세알못 : 한 달 전에 아버님이 돌아가셨습니다. 재산을 남겨주셨는데 상속세는 어떤 방식으로 계산되나요? 아버님 사망 10년 이내 증여받은 재산은 없습니다. 구체적인 상황은 아래와 같습니다.

- 상속된 재산 내역 : 아파트 4억 원, 예금 10억 원, 토지 5억 원
- 아버님의 채무 등 : 일반채무 1억 원, 장례비 및 묘지비용 1,500만 원
- 상속인 현황 : 어머니, 아들 1명, 딸 1명
- 재산분할 계획 : 아파트 → 어머니, 예금 → 아들, 토지 → 딸

택스코디 : 상속세 계산 구조를 요약하면 다음과 같습니다.

- 상속받은 재산 + 10년 내 증여 가산액 + 추정상속재산 - 공과금·채무·장례비용)

- 상속세 과세 가액 – 상속공제 (일괄공제 : 5억 원, 배우자공제 : 5억 원
  ~30억 원, 금융재산공제 : 20%(2억 한도), 기업상속공제 : 100%)
  ↓
- 상속세 과세표준 × 세율
  ↓
- 상속세 산출세액 – 신고세액공제 3% – 증여세액공제
  ↓
- 자진납부세액

1. 상속세 과세 가액 계산 : 1,785,000,000원

상속세 과세대상 금액은 사망 당시 돌아가신 부모님 명의 재산 가액에 10년 이내 증여받았던 가액, 그리고 사망 전에 빼돌린 것이라고 보이는 재산을 가산하여 계산합니다. 그런 다음 사망한 부모님이 상환해야 하는 공과금, 채무를 차감하고 마지막으로 장례비용을 1,500만 원(장례식장 1,000만 원, 묘지비용 500만 원 한도)을 한도로 차감합니다.

- 아파트 4억 원 + 예금 10억 원 + 토지 5억 원 – 채무 1억 원 – 장례비 1,500만 원 = 1,785,000,000원

2. 상속세 과세표준 계산 : 585,000,000원

상속세는 부모님이 상속한 재산 전체에 상속세가 부과되지 않습니다. 일정액 이하의 재산상속에 상속세를 물리지 않기 위해 몇 가지 상속공제를 하고 있는데 주요 상속공제는 다음과 같습니다.

공제항목	금액	비고
일괄공제	5억 원	기본 5억 원 공제
배우자공제	최소 5억 원~최대 30억 원	배우자 생존 시 적용
금융재산공제	금융재산의 20%	2억 원 한도
기업상속공제	기업상속재산의 100%	요건 갖춘 중소기업 상속에만 적용

사례의 경우 상속공제와 과세표준은 다음과 같이 계산됩니다.

- 상속공제 : 일괄공제 5억 원 + 배우자공제 5억 원 + 금융재산공제 2억 원 = 12억 원
- 과세표준 : 17억8500만 원(상속세 과세가액) - 12억 원 = 5억 8500만 원

3. 상속세 산출세액 계산 : 115,500,000원

상속세와 증여세의 세율은 같고 다음과 같습니다.

과세표준	세율	누진공제액
1억 원 이하	10%	–
1억 원 초과 5억 원 이하	20%	1천만 원
5억 원 초과 10억 원 이하	30%	6천만 원
10억 원 초과 30억 원 이하	40%	1억 6천만 원
30억 원 초과	50%	4억 6천만 원

- 산출세액 = 5억 8,500만 원 × 30% - 6,000만 원 = 115,500,000 원입니다.

4. 상속세 자진납부세액 계산 : 112,035,000원

상속세는 상속개시일(사망일)이 속한 달의 말일부터 6개월 이내에 자진해 신고만 하면 신고세액공제라는 이름으로 3%의 세금을 깎아주며, 10년 이내 증여재산 가산액에 대한 과거 증여세 납부세액은 차감됩니다.

사례의 경우 자진납부할 세액은 112,035,000원(115,500,000원 - 115,500,000원 × 3%)입니다. 산출된 상속세는 상속받는 재산비

율대로 나누어 내고 안정적인 상속세 징수를 위해 상속인들이
연대하여 납세의무를 부담합니다.

상속·증여 이것만은 꼭 알아야 한다

보유한 자산의 시세가 10억 원이 넘어가면 반드시 상속, 증여 설계를 해야 합니다. 이 금액을 기준으로 재산이 많으면 많을 수록 미리미리 세금 계획을 세우는 것이 절세의 시작입니다.

상속·증여재산 평가를 어떻게 하는가에 따라 세금은 크게 차이가 납니다. 그러므로 재산 평가 방법에 대해 많이 알수록 상속세와 증여세가 줄어드는 것은 너무나도 자명한 일입니다.

또 자신이 처한 상황을 잘 파악해야 합니다. 당장 상속세나 증여세를 낮추기 위해 시가가 아닌 기준시가로 재산을 평가하고 연이어 양도하게 되면 낮은 취득가액으로 인해 많은 양도소득세가 부과될 수 있습니다. (2020년부터 꼬마빌딩 등에 대해서는 감정평가액으로 상속세나 증여세가 부과될 수 있으니 유의해야 합니다.)

상속세와 증여세는 재산의 크기와 관련이 깊습니다. 상속재산은 사전증여와 재산 평가 방법 관리를 통해, 증여재산은 사전증여 등을 통해 줄일 수 있습니다. 그밖에도 공시지가 발표 시점이나 부채 등을 활용해도 세금을 줄일 수 있습니다.

또 상속세와 증여세는 각각 공제항목이 다릅니다. 실무적으로 증여공제 한도액을 활용하는 증여가 대다수입니다.

상속의 경우 동거주택 상속공제 (효도상속공제, 5억 원 한도 내에서 80% 공제), 가업상속공제 (최고 1,000억 원) 등을 활용하면 세금을 크게 낮출 수 있습니다.

상속세와 증여세 세율은 10~50%가 적용되고 있습니다. 최고 세율이 50%에 이르므로 자산가 집안은 꼭 사전에 대비해야 합니다. 참고로 세대를 건너뛰어 상속이나 증여가 발생하면 30~40% 할증 과세가 됩니다.

그리고 상속세는 상속개시일이 속하는 달의 말일부터 6개월, 증여세는 증여일이 속하는 달의 말일부터 3개월 이내에 신고하면 무조건 3% 세금을 깎아줍니다. 내야 할 세금이 정산되면 기한을 넘기지 않고 신고하는 것은 절세의 기본입니다.

상속세나 증여세 납부 방법은 여러 가지가 있습니다. 현금뿐 아니라 물납 그리고 연부연납으로 할 수도 있습니다. 이 중 유리한 방법으로 선택 가능합니다. 과도한 상속세가 발생하면 상속세 납부 대책을 미리 마련해 두는 것이 좋습니다.

참고로 가족으로부터 증여받은 후 10년 (종전 5년) 내 양도하면 증여 효과가 물거품이 됩니다. 이 제도는 배우자나 직계존비속 모두에게 적용됩니다. 단, 부모로부터 증여받은 주택이 1세대 1주택으로 2년 이상 보유 (2017년 8월 3일 이후 조정대상지역의 주택은 2년 이상 거주)한 경우라면 비과세가 적용됩니다.

3장

알아두면 쓸모 있는
상속·증여세 신고법

언제까지
신고하고 내야 할까?

증여세는 주택을 취득한 날이 속하는 달의 말일부터 3개월 이내에 신고·납부해야 합니다. 이때 주택을 취득한 날 (주택의 취득시기)은 주택의 소유권 이전 등기·등록 신청서 접수일까지 입니다.

가령 증여일이 2022년 3월 20일인 경우 증여세 신고기한은 2022년 6월 30일까지입니다. 내야 할 증여세는 증여세 과세표준 신고와 함께 납세지 관할 세무서나 납부서에 의해 한국은행 또는 우체국에 납부해야 합니다.

세알못 : 증여세 신고 시 함께 제출할 서류는요?

택스코디 : 증여세 신고·납부는 증여받은 자(수증자)의 주소지 관할 세무서에 해야 합니다. 증여세 신고 시 작성하여 제출할 서류는 아래와 같습니다.

증여세 과세표준신고 및 자진납부계산서, 증여자와 수증자의 관계를 알 수 있는 가족관계등록부, 증여재산 및 평가명세서, 채무 사실을 입증할 수 있는 서류 등입니다

세알못 : 만약 증여받은 재산을 다시 반환해도 증여세 신고납부대상인가요?

택스코디 : 증여받은 재산을 증여세 과세표준 신고기한(증여일이 속하는 달의 말일부터 3개월) 이내에 반환하는 경우 처음부터 증여가 없었던 것으로 보나, 신고기한이 지난 후 반환하는 경우 반환 시기에 따라 당초 증여한 것과 반환한 것에 대해 증여세가 부과될 수 있습니다. (단, 금전증여의 경우 시기에 상관없이 최초 증여분과 반환분에 대해 모두 증여세가 부과됩니다.)

반환시기	당초 증여	반환 또는 재증여
증여세 신고기한내 (증여일이 속하는 달의 말일부터 3개월 이내)	과세제외	과세제외
신고기한 경과 후 3월 이내 (증여일이 속하는 달의 말일부터 6개월 이내)	과세	과세제외
신고기한 경과 후 3개월 후 (증여일이 속하는 달의 말일부터 6개월 경과)	과세	과세

상속세는 상속개시일이 속하는 달의 말일부터 6개월 이내에 신고·납부해야 합니다. 내야 할 상속세는 상속세 과세표준 신고와 함께 납세지 관할 세무서나 납부서에 의해 한국은행 또는 우체국에 내야 합니다.

상속세 신고와 납부는 사망자(피상속인)의 주소지 관할 세무서에 해야 합니다.

세알못 : 상속세 신고 시 함께 제출할 서류는요?

택스코디 : 상속세 신고 시 작성해 제출할 서류는 다음과 같습니다.

- 상속세 과세표준신고 및 자진납부계산서
- 피상속인 제적등본 및 상속인의 가족관계 기록사항에 관한 증명서
- 상속재산 및 평가명세서
- 채무 사실을 입증할 수 있는 서류
- 상속재산분할명세 및 그 평가명세서 등

누가 세금을 내야 할까?

증여나 상속 이야기가 나오면 통상 부모님으로부터 물려받을 재산이 없다고 남 얘기로 치부해버리고 무관심합니다. 하지만 자신이 열심히 살고 재테크를 잘하고 운이 따르면, 자신이 비록 물려받을 재산이 없더라도 자식에게 물려줄 재산을 만들어줄 수 있습니다. 그러므로 증여나 상속은 남의 이야기가 아닙니다.

또 부모로부터 상당한 재산을 물려받았지만, 그 재산을 지키지 못하고 어려운 생활을 하는 사람을 종종 볼 수 있습니다. 이와 같은 상황을 사전에 방지해야 합니다. 그러기 위해서는 세금 공부는 필수입니다.

증여세와 상속세 세율은 같습니다. 다만 증여는 부모 등으로부터 살아생전에 무상으로 물려받는 것을 말하고, 상속이란 부모 등이 사망을 한 경우 물려받는 것을 말합니다.

어떤 사람은 자식이 자세가 흐트러질 수 있다고 생각해 생전에 조금도 재산을 물려주지 않고 사망한 후에 재산을 물려받으라고 하고, 어떤 사람은 사망하면 자식들 간에 재산 다툼이 생긴다고 생각해 생전에는 재산을 어느 정도 물려주어 정리를 해주고 나머지 재산은 사망 시 상속재산으로 물려주는 경우가 있습니다.

증여세와 상속세의 세율은 10%~50%로 물려주는 재산이 많을수록 세율이 높아지는 누진세율로 되어 있습니다. 그래서 상속세는 재산이 많은 사람이 수시로 사전에 재산을 물려주어 세금을 적게 내는 것을 방지하기 위해 상속개시 전 10년 이내에 상속인에게 증여한 재산(상속인 이외의 자는 5년)은 비록 재산을 증여할 때마다 증여세를 냈더라도 증여한 재산은 상속재산과 합해서 세금을 산출한 후에 매번 증여받았을 때마다 낸 증여세를 공제해 주는 구조로 되어 있습니다. 물려주는 재산이 많을수록 세금이 많이 나오는 누진세율로 되어 있기 때문입니다.

참고로 증여세도 증여받은 사람별로 10년 이내에 동일인으로부터 증여받은 재산을 합산해 세금을 계산한 후, 매번 낸 세금을 세액공제 해주고 있습니다. 이를 세법에서는 '증여자별 수증자별'로 세금을 계산합니다.

세알못 : 증여세는 증여하는 사람이 내나요? 증여받는 사람이 내는 건가요?

택스코디 : 증여받는 사람이 내야 합니다. 만약 부모가 미성년자인 자녀에게 1억 원을 증여했다면 (1억 원 - 2천만 원) × 10% = 800만 원 (신고 기간 내 신고·납부해 3% 세액공제를 받으면 776만 원) 세금이 나옵니다. 현금 1억 원을 자녀 통장으로 입금 후 이 입금된 통장에서 증여세를 이체해 내면 됩니다. 만약 별도로 부모가 냈다면 증여 금액은 1억 800만 원이 되고 증여세는 (1억 8백만 원 - 2천만 원) × 10% = 880만 원이 됩니다.

세금이 부담된다면 분납과 연부연납 할 수 있다

> 세알못 : 최근 아버지로부터 작은 빌라를 증여받았습니다. 그런데 증여세가 1,800만 원이 나왔습니다. 수중에 현금이 1,000만 원밖에 없어서 예금통장을 깨야 하나 고민 중입니다. 50일 후면 만기가 되는 통장인데 말이죠. 어떻게 해야 할까요?

> 택스코디 : 생각보다 내야 할 세금이 너무 크다면 누구나 당황할 수밖에 없습니다. 당장 수중에 세금 낼 돈이 부족해 납부기한을 넘기면 가산세 등 추가적인 부담까지 생기기 때문입니다.

이럴 때 합법적으로 세금을 나눠 낼 수 있도록 허용하는 제도가 있습니다. 납부기한 이후까지 세금을 나눠서 낼 수 있도록 하는 '분할납부'입니다. 줄여서 '분납'이라고도 부릅니다.

그러나 분납은 누구나 다 할 수 있는 것은 아닙니다. 내야 할 세금이 일정액을 초과하는 경우에만 가능합니다. 또 신고납부기한 이후 일정 기간까지만 분납이 가능하다는 기간 제한도 있습니다.

상속세와 증여세는 내야 할 세금이 1,000만 원을 초과하는 경우부터 분납이 가능합니다. 그중에서도 세액 2,000만 원 이하일 때는 1,000만 원을 초과하는 금액을 신고납부기한 후 2개월 이내에 분납할 수 있습니다. 세액이 2,000만 원을 초과하면 전체 납부세액의 절반을 신고납부기한 후 2개월 이내에 분납할 수 있습니다.

따라서 세알못 씨는 가지고 있는 현금으로 1,000만 원을 먼저 내고, 50일 후 통장이 만기되면 나머지 금액을 납부하면 됩니다.

또 상속세는 내야 할 세액이 2,000만 원이 넘는 경우 최대 10년(가업상속은 20년)까지 나눠 낼 수 있는 '연부연납'이라는 제도도 이용 가능합니다. 상속세 납부 편의 제도는 다음과 같습니다.

1. 분납

내야 할 세액이 1천만 원을 초과하면 세금을 2회에 걸쳐 나누어 낼 수 있으며, 2회분 금액은 납부기한 경과 후 2개월 이내에 분납하여 낼 수 있습니다.

2. 연부연납

또 내야 할 세액이 2천만 원을 초과하는 경우 담보를 제공하고 연부연납 신청을 하여 장기간(10년)에 걸쳐 매년 세금을 분납할 수 있습니다.

3. 물납

상속세를 현금으로 내기 곤란한 경우 일정 요건을 모두 갖추어 관할 세무서장의 승인을 받아 부동산과 유가증권(상장주식 제외), 문화재 및 미술품(2023년 1월 1일 이후 상속이 개시되는 분부터 적용)을 물납할 수 있습니다.

- 상속세 물납의 요건 : 상속세 납부세액이 2천만 원 초과, 상속세 납부세액이 상속재산가액 중 금융재산가액 초과, 사전증여재산을 포함한 상속재산 중 부동산과 유가증권(상장주식 등 제외)의 가액이 2분의 1 초과

참고로 신고기한까지 신고서를 제출하면 내야 할 세액의 3%

에 상당하는 세액공제 혜택을 받을 수 있으나, 신고기한까지 신고하지 않으면 신고세액공제를 적용받을 수 없습니다.

또 신고기한까지 신고하지 않거나 과소신고한 경우 10~40% 의 무(과소)신고가산세를 부담할 수 있으며, 신고기한까지 납부를 하지 않거나 적게 내면 납부지연가산세를 부담할 수 있습니다.

4장

알아두면 쓸모 있는
증여세 뽀개기

증여, 언제 하면 좋을까

요즘 온라인 부동산 커뮤니티에 증여 시기와 방법 등을 물어 보는 질문이 자주 올라옵니다. 아파트를 보유한 부모님 나이가 일흔이 넘어가는 상황에서 새 정부 출범 후 재건축 사업이 본 격적으로 진척될 기미를 보이자 증여를 언제 어떻게 하는 게 좋을지 본격적으로 고민하기 시작한 것입니다.

> 세알못 : 증여를 언제 하면 좋은지, 증여세는 얼마나 나올까요?

> 택스코디 : 증여는 빠르면 빠를수록 좋습니다.

가령 잠실주공5단지, 은마아파트와 같은 시세 30억 원 상당의 아파트 를 자녀에게 증여할 경우 증여세는 일반적으로 약 9억 9,000만 원이 될 것으로 추정됩니다. 여기에 취득세가 3억 원가량 부과됩니다. 따라서 30억 원의 아파트를 받기 위해 총 13억 원 상당의 세금을 내야 하므로 증여 시 가장 고려해야 할 점은 증여받을 사람이 그만한 여력이 있는지 여부입니다.

부동산 가격이 중장기적으로 오른다는 전제하에 증여를 늦출수록 세금 부담은 커지는 구조이기 때문에 증여가 빠르면 빠를수록 좋습니다. 재건축·재개발 조합설립, 건축심의 등 본격적인 사업이 진척되기 전에 하는 게 좋습니다. 다음 단계로 넘어갈 때마다 개발 기대감에 점점 집값이 오를 수 있기 때문입니다.

앞에서 보았듯이 증여세 세율은 과세표준 구간에 따라 다른데, 30억 원 초과 아파트는 50%의 세율이 적용되며 4억6,000만 원을 누진공제 합니다. 또 성년 자녀에게 증여할 경우 5,000만 원이 공제됩니다. 취득세의 경우 일반적인 부동산 증여 시 3.5%(국민주택규모를 초과하는 주택인 경우는 4%)의 세율이 적용되며, 조정대상지역에서 3억 원을 초과하는 부동산을 증여할 때는 12.4%(국민주택 규모를 초과하는 주택인 경우는 13.4%)의 세율이 적용됩니다.

극단적으로 보자면 상속할 때 세금이 더 커지기 때문에 가능하다면 빨리 증여할수록 유리합니다. 주택가격이 낮은 단지나 지방 재건축·재개발 단지 역시 증여가 빠르면 빠를수록 유리합니다. 다만 자산 규모가 크지 않은 사람은 상속이 유리할 수도 있습니다.

정리하면 자산이 일정규모 이상으로 커서 결국 상속세 대상인 사람들은 증여가 유리하고, 해당 부동산을 포함해 물려줄 재산이 빌라 한 채 등인 경우는 상속으로 두는 경우가 유리할 수도 있어 획일적으로 말하기는 어렵습니다.

참고로 개별공시지가 (매년 5월 말)와 주택공시가격 (매년 4월 말) 공시일은 상속 증여세에 있어 매우 중요한 사건으로써 상속이나 증여의 시기가 공시일 전후 언제 귀속되느냐에 따라 재산 평가액이 다르게 책정돼 납부세액이 달라집니다. 만약 시가가 없는 토지 (2021년 공시가격 : 5억 원, 2022년 개별토지공시지가 : 10% 상승)를 각각 개별공시지가가 공시되기 전과 공시된 이후에 증여할 경우 증여세 차이는 다음과 같습니다.

부동산의 경우 소유권 이전 등기접수일을 증여 시기로 보아 해당일 증여재산의 평가금액을 기준으로 세금이 계산됩니다.

2022년도 개별공시지가가 공시되기 전에 증여할 때 토지를 5억 원으로 평가하여 증여세를 계산하지만, 개별공시지가가 공시되고 난 이후에 증여한다면 단지 기간귀속 차이로 인해 토지의 평가액이 5,000만 원(10% 상승분) 상향 평가돼 약 1,000만 원의 세금을 더 내야 하는 상황이 됩니다.

상속세의 경우 상속 시기를 조절하는 것이 불가능하지만, 증여의 경우는 언제, 얼마만큼 증여할 것인지에 대한 미리 계획을 세울 수 있습니다. 현재 부동산 (특히 유사매매사례가액이 없는 토지나 상가 건물, 단독주택)을 증여할 계획이 있다면 개별공시지가나 주택가격 공시일 전에 미리 증여하면 전년 대비 공시가격 상승분에 대한 증여세를 절세할 수 있습니다. (참고로 아파트와 같은 공동주택의 경우에는 유사매매사례가액을 재산평가액으로 시가로 판단하므로 증여세와 공시가격의 관계성은 타 부동산보다 떨어집니다.)

5억 원을 세금 한 푼 안 내고 증여하는 비법이 있다

세알못 : 평소 요리에 관심이 많아 취업보다는 창업을 결심하고 대학가 근처에 작은 레스토랑을 오픈할 예정입니다. 자금이 부족해 아버지에게 도움을 요청하려고 하니 증여세가 걱정입니다. 그런데 창업할 때는 증여세를 깎아준다는 이야기를 들었는데, 사실인지 궁금합니다.

택스코디 : 타인으로부터 재산을 증여받으면, 그 재산을 증여받은 자(수증자)는 증여세라는 세금을 부담합니다. 이때 증여란 행위의 명칭이나 형식, 목적과는 관계없이 직접 또는 간접적인 방법으로 타인에게 유·무형의 재산이나 이익을 이전하는 것을 뜻합니다.

보통 자녀가 결혼할 때 증여에 대해 진지하게 생각하곤 합니다. 현금 5억 원을 성인 자녀에게 증여한다면 증여세는 증여재산공제(직계비속 성인일 시 5,000만 원, 미성년자 일 시 2,000만 원 공제)와 신고세액공제 등을 적용, 7,760만 원이 됩니다. 따라서 자녀가 실질적으로 증여받는 금액은 4억 2,240만 원이 되는 셈입니다.

창업자금 과세특례란 18세 이상인 사람이 중소기업(조특법 제63조 제3항 각호에 따른 업종을 영위하는 기업)을 창업할 목적으로 60세 이상의 부모(부모 사망 시 조부모)로부터 창업자금을 증여받았을 때 증여세 과세가액에서 5억 원을 공제하고 10% 세율을 적용하는 것을 말합니다. 쉽게 도표로 금액 효과를 보여주면 아래와 같습니다. 둘 다 똑같이 현금으로 증여했지만, 일반 증여로 받으면 8,000만 원 가까이 세금으로 내야 합니다. 그러나 창업자금 목적의 증여로 받으면 증여세 과세가액에 5억 원이 공제되기 때문에 세금을 내지 않아도 된다. 따라서 창업자금으로 증여하면 증여세 한 푼 없이 5억 원을 증여할 수 있습니다.

한도인 30억 원을 증여한다면 증여세 효과는 더욱 극적입니다. 현금으로 똑같이 증여했지만, 창업자금 목적으로 증여하지 않았을 때 세액은 10억 원에 가까워, 30억 원(창업 시 정규직 고용 인원이 10명 이상이면 50억 원까지 가능)을 증여하더라도 자녀가 손에 쥐는 돈은 20억 원을 약간 넘습니다. 그러나 창업자금으로 증여한다면 2억5,000만 원으로 증여세 차이가 7억 원이 넘습니다.

구분	일반 30억 원 증여	창업자금 30억 원 증여	비고
증여 재산가액	30억 원	30억 원	현금으로 증여
공제가액	5천만 원	5억 원	성인자녀 공제 적용
과세표준	29억 5천만 원	25억 원	
세액	9억 8천 9백 4십만 원	2억 5천만 원	일반 증여신고세 액 공제 적용
차이	7억 3천 9백 4십만 원		

세알못 : 창업자금 증여 특례를 적용받기 위한 구체적인 기준은요?

택스코디 : 창업자금 증여 특례를 적용받으려면 법에서 정한 일정 기준을 충족해야 합니다. 그 기준은 아래와 같습니다.

- 18세 이상이 증여받을 것
- 60세 이상의 부모로부터 받을 것
- 증여받는 재산은 양도소득세 과세대상물이 아닐 것
- 법에서 정한 중소기업 업종을 창업할 것
- 증여받은 날로부터 2년 이내 창업, 4년 이내 사용할 것
- 창업한 사업을 10년간 유지할 것

법에서 열거한 사업은 시대에 따라 변합니다. 현재 법에서 열거하는 중소기업 업종은 다음과 같습니다.

카페는 되지 않지만, 음식점, 제조업, 건설업, 통신안내업은 가능합니다. 부동산업 및 임대업, 소비성서비스업종 등 일부 제한을 둔 업종을 제외하면 대부분 업종은 포함되는 것입니다. 다만 해당 증여는 보통 증여와 달리 10년이 지나도 상속재산가액에는 포함되어 세금을 다시 내야 합니다.

또 증여 특례는 증여세 과세신고 기한까지 창업자금 특례신청 및 창업자금 사용내역서를 관할 세무서장에게 제출해야 합니다. 세무당국은 창업자금이 실제로 목적에 맞게 사용되었는지 사후 관리도 철저히 하니 주의가 필요합니다.

어떤가요? 30억 원 증여 시 일반 증여와 7억 원 이상 차이라면, 증여특례제도를 한 번 생각해볼 만합니다.

채무를 같이 넘겨 증여하자

부동산 대출이나 보증금을 같이 넘기는 조건으로 증여하는 것을 부담부증여라고 합니다. 이때, 증여받은 자(수증자)는 증여세를 내면 되지만, 증여자는 없어진 채무와 부동산 취득가액의 차이에 대한 양도세를 내야 합니다.

따라서 단순증여 (대출을 증여자가 갚고 증여하는 방법)로 할 것인가, 부담부증여(대출을 수증자에게 넘기며 증여하는 방법)로 할 것인가를 생각했을 때 단순증여 시의 증여세 부담과 부담부증여시의 양도세와 증여세 부담의 합계를 따져서 어느 것이 더 유리한지 판단해야 합니다.

일반적으로는 부담부증여가 단순증여보다 더 유리합니다. 이는 소득의 분산 때문입니다. 부담부증여의 경우, 증여자는 양도세를 내야 하지만 수증자는 증여세를 내야 합니다. 이때 수증자는 증여받은 부동산 전체에 대해 증여세를 내는 게 아니라 거기에 포함된 대출이나 보증금을 제외한 증여재산가액에 대해 증여세를 내기 때문에 상대적으로 낮은 세율을 적용받을 수 있습니다.

만약 부동산 보유기간 동안 양도차익이 작은 경우나, 부동산 가치가 향후 높아질 것으로 예상되면 부담부증여를 고려해 봅시다.

세알못 : 서울에 아파트 2채를 가지고 있습니다. (A 아파트 시가 8억 원, B 아파트 시가 5억 원)

A 아파트 (취득가액 7억 원)를 아들에게 증여하려 하는데 A 아파트는 담보대출 6억 원이 있습니다. 이 대출을 제가 갚고 아들에게 증여할지 아니면 대출까지 아들에게 넘겨서 증여할지 고민입니다. 부담부증여가 절세효과가 있다는 지인 말대로 부담부증여가 나은가요?

택스코디 : 단순증여와 부담부증여 시 세금 차이를 비교해 봅시다.

부담부증여 시 증여세는 증여재산가액 8억 원에서 채무 6억 원을 차감한 금액을 말합니다. 양도세는 증여재산가액 8억 원에서 A 아파트 취득가액 7억 원을 차감한 금액에서 증여가액 중 채무액이 차지하는 비중으로 곱해 계산합니다.

그 결과, 시가 8억 원인 아파트에 대한 양도차익은 7,500만 원으로 단순증여보다 부담부증여가 1억 2,900만 원 정도 더 유리합니다.

구분	단순증여	부담부증여	
	증여세	증여세	양도세
증여 재산가액	8억 원	8억 원 – 6억 원 = 2억 원	
양도 차익	–		(8억 원–7억 원)×(6억 원/8억 원)=7,500만 원
세액	1억 8천만 원	3천만 원	20,280,000원
합계	1억 8천만 원	50,280,000원	
차이		(129,720,000원)	

세알못 : 그럼 만약에 양도차익이 더 크게 나올 경우는 어떻게 될까요?

택스코디 : 다음의 경우를 살펴봅시다.

위 사례에서 취득가액이 7억 원이 아니라 1억 원으로 가정해 양도차익이 더 큰 경우 오히려 단순증여가 부담부증여보다 8,700만 원 정도 더 유리합니다. 따라서 부동산 보유기간 동안 양도차익이 적을 때는 부담부증여가 유리합니다.

구분	단순증여	부담부증여	
	증여세	증여세	양도세
증여재산가액	8억 원	8억 원 – 6억 원 =2억 원	
양도차익	–		(8억 원–1억 원)×(6억 원/8억 원) =5억 2,500만 원
세액	1억 8천만 원	3천만 원	2억 3,760만 원
합계	1억 8천만 원	2억 6,760원	
차이		8,760만 원	

증여 취소도 골든타임이 있다

직장에서 일하고 급여를 받으면 소득세(근로소득)를 납부하고, 부동산을 매입 가격보다 높은 가격으로 매도하면 양도차익에 대해 양도소득세를 냅니다. 또 부모님으로부터 상속이나 증여를 받으면 상속·증여세를 납부해야 합니다.

세알못 : 그런데 사후적으로 이익을 반환하거나 물건을 돌려받아 소득이 없게 되면 세금을 내지 않아도 될까요?

택스코디 : 예를 들어 부모님으로부터 자녀가 20억 원 상당의 주식을 증여받고 증여세를 내지 않았는데, 얼마 후 부모님이 사업상 어려움을 겪게 되자 그중 15억 원 상당을 부모님께 그대로 반환한 경우를 생각해 봅시다.

이 경우 증여세를 20억 원에 대해 내야 할지 5억 원에 대해 내야 할지가 문제입니다. 결과적으로 5억 원 상당만 증여 받았는데, 20억 원에 상응하는 증여세를 내라고 하면 부당하다고 생각할 수 있습니다.

그러면 20억 원 상당의 주식을 증여받은 후 증여 사실을 숨기고 있다가 과세관청에서 증여받은 사실을 인식하면 그때 가서 증여세를 적게 내기 위해 부모님께 15억 원 상당의 주식을 반환한 경우는 또 어떨까요?

만약 뒤늦게 증여재산을 반환하는 것을 인정하게 되면 이를 악용하는 사례가 많아지고 국가로서는 과세권을 확보하기 어려울 것입니다. 이러한 이유로 세법은 일률적인 기준을 두고 있습니다. 즉 증여세 과세표준 신고기한 내에 당사자 간 합의로 수증자가 증여자에게 증여재산을 반환하는 경우 처음부터 증여가 없었던 것으로 보아 증여세를 부과하지 않습니다.

증여세 과세표준 신고기한은 증여일이 속하는 달의 말일로부터 3개월 이내이므로 만약 2022년 8월 15일에 증여받았다면, 2022년 11월 30일까지는 증여재산을 반환하고 증여세를 내지 않을 수 있습니다.

그런데 위 사례에서 이미 2022년 11월 30일이 지난 뒤에 증여재산을 반환한다면 그때부터 다시 3개월이 경과 한 지에 따라 세금 부담이 달라집니다.

즉 증여일이 속하는 달의 말일로부터 6개월 이내인 경우라면 처음 증여한 것에 대해서는 증여세가 부과되지만, 증여재산을 반환한 것에는 다시 증여세가 부과되지 않습니다.

반면 6개월이 지난 후라면 최초 증여뿐만 아니라 증여재산 반환에도 다시 증여세가 부과될 수 있습니다. 즉 증여세가 이중으로 부과되는 것입니다.

여기서 유념할 점은 위와 같은 논의는 금전(현금)에는 적용되지 않는다는 것입니다. 예를 들어 오늘 부모님으로부터 20억 원의 현금을 증여받아 한 달 후에 20억 원을 부모님께 그대로 반환하더라도 증여세가 부과되고, 특히 부모님이 20억 원을 다시 돌려받은 것을 별개의 증여로 보아 각각 증여세가 2차례나 부과될 수 있으므로 각별한 유의가 필요합니다.

세알못 : 그렇다면 양도계약을 해제하거나 취소되는 경우에도 양도차익에 대해 세금이 부과될까요?

택스코디 : 사기나 착오를 이유로 당사자 일방이 계약을 취소하거나 계약불이행을 이유로 해제권을 행사하면 민사적으로는 계약은 효력이 상실되어 처음부터 없었던 것으로 됩니다.

세법은 이런 민사상의 효력을 결론을 존중하여 계약을 취소하거나 해제하면 양도차익에 대한 세금은 부과되지 않습니다. 그러면 당사자 일방이 계약을 취소하거나 법정 해제한 것이 아니라 당사자들이 새로운 합의를 해 계약을 없던 것으로 하더라도(합의해제) 같은지가 문제입니다.

이미 양도차익이 발생했는데 당사자들의 사후적인 합의로 이를 되돌리는 것은 허용할 수 없다는 견해가 있습니다. 그러나 법원은 토지 및 건물을 매도하는 매매계약을 체결한 후 매매계약과 관련한 분쟁이 발생해 당사자들이 매매계약을 합의 해제한 사안에서 매매계약은 효력이 소급해 상실하므로 양도소득세를 부과할 수 없다고 판단했습니다.

같은 취지에서 법원은 주식을 양도한 후 주식 매매대금을 일부 감액하기로 했다거나 분양권 매도대금에 관해 분쟁이 발생해 사후적으로 대금을 감액한 경우에 양도가액은 당초 약정대금이 아닌 감액된 대금으로 인정하기도 했습니다.

알아두면 쓸모 있는 세금 상식사전 **상속 증여 절세법**

반면 과세관청은 근로소득의 경우 회사가 급여를 결산상 손금으로 처리한 후에 근로자가 근로소득 중 일부를 반환한 경우에는 그 반환을 고려하지 않고 지급액 전액에 대해 원천징수를 해야 한다는 입장입니다.

따라서 이미 급여를 받았다면 법인이 인건비 처리를 한 후 회사 경영의 악화 등 어떠한 이유로 급여 중 일부를 반환하더라도 근로자의 소득세가 줄어들지 않게 됩니다. 이처럼 사후적으로 소득 일부를 반환한다고 항상 감액된 금액이 소득으로 인정되는 것은 아니라는 점도 주의해야 합니다.

5장

알아두면 쓸모 있는
상속세 뽀개기

유언이 무효가 된다면 재산상속은 어떻게 진행되나?

세알못 : 장례를 치른 뒤 아버지의 휴대폰에서 "막내는 형제 중에 제일 잘살기 때문에 재산을 물려주지 않겠다"라는 내용의 녹취가 발견됐습니다. 오랜 시간 아버지를 모셨던 건 저였는데, 경제적인 여유가 있다는 이유로 재산상속을 받지 못한다는 것이 좀 서운한 건 사실입니다. 첫째 형은 서울에 있는 명문대를 졸업하여 대기업에 취직해서 남부럽지 않게 살고 있습니다. 둘째 형은 고등학교 졸업 후 공무원 시험에 합격해 안정적으로 생활하고 있습니다. 막내인 저는 기술을 배워 공장에 취직한 후 성실히 일해서 근무하던 공장을 인수하여 공장을 운영하고 있습니다.

그러던 어느 날 아버지의 암 소식이 들려왔고 경제적 형편이 가장 여유롭다는 이유로 저는 아버지의 투병 생활을 물심양면으로 도왔습니다. 하지만 아버지가 생전 지인들과 있던 자리에서 "막내는 제일 잘 살고, 첫째는 대학 공부시키느라 돈을 많이 썼으니, 모든 재산은 둘째에게 물려주겠다"라고 한 내용의 녹음 파일을 들었습니다. 아버지의 재산은 모두 둘째 형에게 돌아가는 것인가요?

택스코디 : 결론부터 말하자면 아버지가 남긴 유언은 법적 효력이 없습니다.

민법에서는 유언의 종류를 법으로 정하고 있고, 유언이 유효하기 위한 요건 역시 엄격하게 규정하고 있습니다. 하지만 아버지께서 남기신 유언의 형태는 '녹음에 의한 유언'일 수 있는데, 내용이 유효하기 위한 요건이 몇 가지 빠진 부분이 있어 법적 효력이 없다고 봐야 합니다.

현행법에 따르면 녹음에 의한 유언이 유효가 되기 위해서 유언자는 다음 요소들을 명시해야 합니다.

재산분할의 방법, 재산분할의 대상 내용, 유언자 자신의 이름, 녹음하는 구체적인 날짜(연월일) 등

세알못 : 녹음할 때 증인이 같이 있는 경우는요?

택스코디 : 유언을 남기는 당시 증인이 동석했더라도, 증인은 유언자의 성명을 정확하게 얘기하고 '유언자의 진위에 정확하게 합치한다'라는 내용까지 말해야 합니다.
이 같은 사안의 경우에는 똑같은 판례는 없지만, 기존 법원의 판결을 보면 아마 정확하게 유언의 날짜를 말하지 않았기 때문에 설령 녹음

일자를 파일에서 확인할 수 있다 하더라도 '그 요건을 명시적으로 지키지 않았다'라고 해서 유효성을 인정하지 않을 가능성이 큽니다.

특히 세알못 씨는 아버지의 오랜 투병 생활로 병원비, 간병비 등의 비용을 모두 부담했기 때문에 이 부분은 기여분으로 인정됩니다. 아버지가 남긴 재산 중에서 산정된 기여분과 그 기여분을 제외한 재산의 3분의 1을 합쳐서 가질 수 있습니다.

세알못 : 그렇다면 아버지의 유언이 무효가 된다면 재산상속은 어떻게 진행되나요?

택스코디 : 삼 형제가 원래 법으로 정해져 있는 상속분에 따라 상속을 각자 주장을 할 수가 있게 됩니다. 형제들은 아버지가 남긴 재산을 각 3분의 1씩 법정상속분에 따라서 상속받을 권리가 있습니다.

유언장 종류와 작성법은 어떻게 되나

세알못 : 사망 후 자식들이 상속재산 분할문제로 다투지 않도록 미리 유언장을 작성해 두고 싶습니다. 민법에 유언장을 만드는 방법이 따로 정해져 있나요?

택스코디 : 민법에서는 유언의 방식을 자필증서, 녹음, 공정증서, 비밀증서, 구수증서에 의한 유언으로 나누고 방식별로 그 요건과 절차에 관해 규정을 두고 있으며 일반적으로는 자필증서 또는 공정증서에 의한 유언이 주로 사용되고 있습니다.

유언장이 효력을 발생하려면 이름, 주소, 날짜, 날인(도장), 유언내용이 반드시 포함되어야 하는데 거액의 재산이 아니라면 자필증서 또는 비밀증서에 의한 유언이 적합하다고 생각합니다. 통상적으로 많이 쓰는 방법을 요약하면 다음과 같습니다.

알아두면 쓸모 있는 세금 상식사전 **상속 증여 절세법**

1. 자필증서에 의한 유언

- 개념 : 유언자가 그 전문과 작성 연월일·주소·성명을 스스로 작성하고 날인하는 방식
- 절차 : 반드시 자필로 작성한 후 도장을 찍어야 하며 사망 후 법원의 검인을 받아야 함

자필증서에 의한 유언은 유언자가 그 전문과 연월일, 주소와 성명을 스스로 작성하고 날인하는 것을 요건으로 합니다. 유언자 본인이 직접 작성할 것을 요건으로 하고 있으므로 대필한 경우에는 유언으로 인정되지 않습니다.

판례는 유언자의 유지를 존중하고 유언의 효력을 널리 인정하기 위해 주소와 성명은 누구의 유언인가를 알 수 있을 정도면 족하고 날인도 무인으로 대체할 수 있다는 식으로 너그럽게 해석하고 있습니다. 다만 연월만 기재하고 일자를 기재하지 않을 때에는 효력을 인정하지 않습니다.

자필증서에 의한 유언의 장점은 증인이나 공증인이 필요하지 않고 비용도 들지 않으며 유언내용을 비밀에 부칠 수 있다는 점입니다. 하지만 유언의 형식적 요건을 갖추지 못한 경우 유·무효에 대해 다툼이 많고 위조와 변조, 가필 또는 은닉의 가능성이 있으며 유언자 사망 후에 가정법원의 검인이 필요합니다.

2. 공정증서에 의한 유언

- 개념 : 유언자가 공증인과 증인 앞에서 유언의 내용을 진술하여 유언장을 작성하는 방식
- 절차 : 공증인이 작성하고 유언자와 2명의 증인이 그 정확함을 확인한 후 서명 또는 기명 날인

공정증서에 의한 유언은 유언자가 증인 2인이 참여한 가운데 공증인 앞에서 유언의 취지를 설명하고 공증인이 이를 필기·낭독하면 유언자와 증인이 그 정확함을 승인한 후 각자 서명 또는 기명날인하는 방식으로 이뤄집니다. 실무적으로는 유언자가 미리 작성한 초안을 공증인에게 보내면 공증인이 유언공정증서 서식에 맞춘 초안을 준비해 증인들과 유언자가 모인 자리에서 낭독하고 각자 서명 또는 기명날인하는 것이 일반적입니다.

공정증서에 의한 유언은 공증인이 참여하므로 유언 방식에 하자가 생길 가능성이 적고 유언장을 공증사무소가 보관하므로 위·변조와 분실 우려가 없으며 노환이나 병으로 직접 필기가 어려운 경우에도 작성할 수 있습니다. 그리고 자필증서에서 요건으로 하는 가정법원의 검인 절차가 필요 없습니다.

공증인이 유언장을 20년간 보관하므로 분실, 위조, 은닉의 위

험이 없으나, 비용이 많이 들고 유언의 존재나 내용이 공개됩니다.

3. 비밀증서에 의한 유언

- 개념 : 유언자가 유언의 내용을 비밀로 하고 유언장을 작성해 봉인한 후 증인에게 확인받는 방식
- 봉서 표면에 작성연월일을 기재하고 유언자, 2명의 증인이 서명 또는 기명날인한 후 5일 이내에 공증인 또는 가정법원에서 확정일자를 받음

비밀증서에 의한 유언은 유언자가 필자의 성명을 기재한 증서를 엄봉날인합니다. 이를 2인 이상 증인의 면전에 제출해 자기의 유언서임을 표시한 후 그 봉서 표면에 제출 연월일을 기재하고 유언자와 증인이 각자 서명 또는 기명날인해야 합니다. 이렇게 작성된 유언봉서는 그 표면에 기재된 날부터 5일 안에 공증인 또는 법원 서기에게 제출해 그 봉인상에 확정일자인을 받아야 합니다. 봉인된 유언장의 보관책임은 유언자에게 있습니다.

4. 기타

- 구수에 의한 유언장 : 유언자가 2인 이상 증인의 참여로 그 1인에게 구수로 유언하고 그 구수를 받은 자가 이를 필기 낭독하여 유언장을 작성하는 방식

구수증서에 의한 유언은 질병 기타 등의 긴급한 사유로 인해 앞 네 가지 방식에 의한 유언을 할 수 없는 경우에 유언자가 2인 이상 증인의 참여로 그 1인에게 유언의 취지를 구수하고 그 구수를 받은 자가 이를 필기하고 낭독해 유언자의 증인이 그 정확함을 승인한 후 각자 서명 또는 기명날인하는 방식으로 이뤄집니다. 이렇게 이뤄진 유언은 그 증인 또는 이해관계인이 긴급한 사유가 종료한 날부터 7일 안에 법원에 그 검인을 신청해야 합니다.

- 유언신탁 : 유언신탁이란 금융기관이 일정한 수수료를 받고 공정증서 유언장을 작성·보관하고 있다가 유언자 사후에 유언장 내용대로 상속재산을 분배하는 방법

세알못 : 누구나 증인이 가능한가요?

택스코디 : 자필증서에 의한 유언을 제외하고는 유언을 할 때 증인의 참여를 요구하고 있습니다. 이때 미성년자, 피성년후견인과 피한정후견인, 유언으로 이익을 받을 사람, 그의 배우자와 직계혈족은 증인이 될 수 없습니다. 공정증서에 의한 유언에는 공증인법에 따른 결격자는 증인이 되지 못합니다. 증인 결격자가 증인으로 참여한 유언은 원칙적으로 무효입니다.

상속 전 무엇을 준비해야 하나?

이젠 서울의 아파트 한 채만 물려받아도 상속세 과세대상이 될 가능성이 커졌습니다. 서울 아파트 평균 매매가는 2021년 4월 이미 11억 원으로 상승했고, 경기권 아파트는 5억 원을 넘어설 정도로 크게 올랐습니다. 하지만 상속공제 한도는 1997년 개정 이후 현재까지 변동이 없는 상태입니다.

이렇게 자산 가격은 오르지만, 공제 한도(배우자 없는 경우 5억 원, 배우자 있는 경우 10억 원)는 그대로인 점을 고려하면, 부모가 서울에 아파트 한 채만 보유하고 있어도 자녀가 상속세 과세대상이 될 수 있다는 의미가 됩니다.

세알못 : 어느 정도 재산을 물려받으면 상속세를 내게 되나요?

택스코디 : 현행법 기준으로 상속재산이 15억 원 정도라면 상속세 대상이 될 확률이 높습니다. 배우자가 없을 때 5억 원, 배우자가 있으면 10억 원을 공제받을 수 있으므로 공제 금액 기준으로 상속세 납부 여부를 확인해 보면 됩니다.

상속세는 상속받는 시기의 자산 시가를 기준으로 하므로 지금 당장 납부 대상에 해당하지 않더라도 향후 자산 상승률을 고려해 과세 여부를 예상해 볼 것을 권합니다.

세알못 : 상속을 앞두고 해야 할 일은 무엇이 있나요?

택스코디 : 먼저 상속에 대한 인식을 바꾸는 것이 필요합니다. 우리나라 정서상 상속과 관련한 이야기를 부모님 생전에 나누는 것이 암묵적으로 불편하게 여겨져 왔습니다. 나중을 생각하면 이런 인식을 바꾸는 것이 최선의 상속 계획을 세우는 데 도움이 됩니다.

실제로 내가 사망하기 전까지 상속에 관해 이야기를 꺼내지 말라고 자녀에게 엄포를 놨다가 죽음을 앞두고 급하게 고민하는 경우들이 있습니다. 이런 경우는 시기를 놓치게 되면 훨씬 많은 상속세를 내야 할 수도 있습니다.

상속 준비는 빠르면 빠를수록 좋습니다. 시간적 여유를 두고 증여 가액이 합산되는 기간을 고려해 5년, 10년마다 미리 재산을 증여해 두면 훗날 상속 시 매우 유리한 상황이 됩니다.

세알못 : 부모는 무얼 준비하면 좋나요?

택스코디 : 상속을 예정에 둔 부모는 자신의 자산 포트폴리오를 점검할 필요가 있습니다. 내가 보유한 자산이 부동산 위주인지, 금융자산은 얼마나 되는지, 대출 규모는 얼마나 되는지, 개인 채무의 경우에는 차용증을 준비했는지 확인해야 합니다.
그러고는 자신이 보유한 자산에 따라 증여하는 방식을 결정해야 합니다. 증여라고 다 똑같은 방식으로 증여하는 것이 아니기 때문입니다.

　원칙적으로 상속세나 증여세는 시가를 기준으로 자산을 평가하지만, 시가를 정하기 어려운 경우들이 있습니다. 토지나 상가가 그렇습니다. 이런 경우에는 기준시가 등의 기준으로 자산을 평가하는데, 일반적으로 시가 대비 30~80% 수준으로 자산 가격이 산정됩니다.

　이해를 돕기 위해 양천구 목동에 소재한 아파트(면적 54㎡, 시세 13억 원, 평가액 13억 원)와 상가(면적 93㎡, 시세 13억 원, 평가액 8억 원)를 각각 증여하는 경우를 사례로 들어보겠습니다. 사전증여 이력이 없다는 가정하에 아파트의 증여세는 약 3억 3,000만 원이고 상가의 증여세는 1억 6,000만 원 정도로 자산 종류에 따라 증여세가 약 2배 가까이 차이가 나게 됩니다.

세알못 : 자녀는 무얼 준비해야 하나요?

택스코디 : 상속세는 부모가 가졌던 모든 재산을 기준으로 사망 시점에 한꺼번에 과세하기 때문에 자녀의 세 부담이 생각보다 클 수 있습니다. 세금을 내기 위해 갑자기 현금 재원을 마련하려면 어려움을 겪을 확률이 높으므로 여력이 된다면 일부를 미리 준비해두는 것이 좋습니다.

만약 미리 준비하는 것이 어렵다면 종신보험을 활용하는 것도 방법일 수 있습니다. 이때 주의할 점이 있다면 보험 가입 시 계약자와 수익자가 자식이어야 한다는 점입니다. 보험료의 납입 출처도 반드시 자식이어야 합니다. 부모님이 직접 보험료를 내면 증여로 추정돼 증여세가 발생할 수 있으니 유의해야 합니다.

집 한 채 물려 줘도
상속세 폭탄이라고?

세알못 : 최근 새로운 고민이 생겼습니다. 서울에 집 한 채만 있으면 상속세가 나온다는 기사가 여러 신문사를 통해 자주 소개되는 것을 보았기 때문입니다.

평생 모은 돈으로 아파트 한 채를 겨우 샀는데 이마저도 자녀들에게 물려주려면 상속세를 내야 한다니 너무 억울하다는 생각이 들었습니다. 인터넷 검색을 해보니 과세표준 10억 이상이면 상속세 세율이 40%라고 하는데, 제 소유 아파트가 14억 정도 하니 만약 진짜 세율이 40%라면 5억6,000만 원이 세금인 셈입니다. 과연 저의 생각처럼 14억 원 본인의 집을 상속하면 상속세가 5억6,000만 원이나 나오는 것이 맞는 것인가요?

택스코디 : 정답을 먼저 말하자면 위 가정은 틀린 계산입니다.

최근 몇 년간 부동산 가격 급등으로 인해 자산가들의 세금으로만 생각되었던 상속세가 일반 대중들도 부담할 수 있는 세금으로 인식되며 '상속세 대중화' 시대가 왔습니다.

이렇게 상속세를 내야 하는 대상이 늘어났지만, 본인이 유고시에 상속세가 얼마나 나오는지 아는 사람은 드뭅니다. 세알못 씨처럼 정확한 계산은 하지 못한 채 인터넷에 검색되는 대략적인 정보를 가지고 걱정을 하고 있거나 반대로 상속세가 꽤 나오는데도 그 사실을 알지 못해 태평하게 준비하지 않는 사람도 있습니다. '지피지기면 백전백승'이라고 했습니다. 재산의 규모가 크지 않고 구성이 복잡하지 않다면 대략적인 상속세를 계산하는 것은 어렵지 않습니다. 상속세가 얼마나 나오는지 대략 알 수 있다면 상속세에 대한 지나친 낙관도 걱정도 하지 않아도 될 것이고 그에 맞는 적절한 대응을 할 수 있습니다.

상속세를 추정할 때에는 가장 먼저 상속될 순 자산이 얼마인가를 파악해야 합니다. 순 자산이란 총자산에서 채무를 차감한 것입니다. 만약 세알못 씨가 다른 재산이 없고, 본인이 거주 중인 아파트 한 채만을 대출 없이 소유한 것이라면 순 자산은 14억이 됩니다.

이렇게 순 자산이 정해지면 다음에는 공제항목들을 차감하여 과세표준을 구합니다. 일반 대중들이 가장 어렵게 생각하는 것이 공제항목들이며 공제항목만 제대로 이해하고 적용하면 사실상 상속세 계산은 끝입니다. 상속 시 적용되는 공제는 종류가 매우 다양하고 요건도 복잡하지만, 세알못 씨의 경우는 실제 사망하여 상속세를 계산하는 것이 아니라 현재 시점에서의 대략적인 상속세를 추정하는 것이기 때문에 일반적으로 특별한 요건 없이 적용받을 수 있는 공제인 일괄공제, 배우자상속공제, 금융재산공제만을 적용하여 계산합니다. (그러나 아파트 외에 금융재산이 없다는 가정을 했기 때문에 금융재산공제는 적용하지 않습니다.)

이를 바탕으로 상속세 과세표준을 계산해 봅시다. 먼저 일괄공제 금액은 5억 원입니다. 일괄공제 대신 기초공제 2억과 그 밖의 인적공제를 합한 금액을 적용할 수도 있지만, 그 밖의 인정공제가 3억이 넘기가 매우 어렵고 현재 상태에서 추정하기 어려우므로 보통은 일괄공제 5억을 적용합니다. 두 번째로 배우자상속공제는 배우자가 생존해 있는 경우 적용되며 최소 5억 원에서 최대 30억 원까지 공제 가능합니다. 이렇게 일괄공제 5억 원과 배우자상속공제 5억 원을 더하면 최소 10억의 공제는 확보됩니다.

'보통 재산이 10억이 넘지 않으면 상속세를 내지 않는다'는 말을 하는데 이 두 가지 공제를 두고 말한 것입니다. 여기서 배우자공제 시 주의할 점은 최대 30억이라고 해도 배우자의 법정상속지분 이상은 공제되지 않는다는 점입니다. 세알못 씨가 배우자와 자녀 2명의 4인 가정이라면 배우자의 법정지분율은 1.5/3.5가 됩니다. 따라서 배우자상속공제액을 최대한 받더라도 6억 원 이상 받을 수 없습니다. 이렇게 순 자산에서 공제액들을 공제하면 과세표준이 계산됩니다. 세알못 씨의 경우 14억 원에서 일괄공제 5억 원, 배우자상속공제 6억 원을 적용하면 과세표준은 3억 원이 됩니다. 이제 과세표준에 세율을 적용하면 됩니다.

상속재산 (14억 원) - 일괄공제 (5억 원) - 배우자공제 (6억 원) = 과세표준 (3억 원)

과세표준이 3억 원이므로 1억 원에 10%를 곱한 금액에 1억 원을 초과한 2억 원에 대해 20% 세율이 적용됩니다. 이를 계산을 해보면 다음과 같습니다.

1억 원 × 10% + 2억 원 × 20% = 5천만 원

단순히 인터넷에서 세율표를 보고 잘못 계산했던 상속세 5억 6,000만 원은 상속공제와 초과누진세율을 적용하지 않고 단순히 세율만 보고 계산한 것입니다. 계산을 해보니 다행히도 걱정했던 만큼의 상속세는 아닙니다. 하지만 계산된 5,000만 원의 상속세 역시 결코 가벼운 세금은 아닙니다.

6장

알아두면 쓸모 있는
10년 절세 플랜

사전증여,
가장 효과적인 방법이다?

오랜 친구 사이인 60대 초반의 A 씨와 B 씨가 있습니다. 재산 규모는 20억 원 정도로 비슷하지만, 자녀들에게 재산을 물려주는 방식에서는 생각이 정반대입니다. A 씨는 재산을 쭉 가지고 있다가 본인이 죽고 나면 가져가라는 식인 반면, B 씨는 지금부터라도 자녀들에게 미리 증여하면서 재산을 서서히 줄여나갈 생각입니다. 이 경우 세금이라는 관점에서 보면 누가 더 유리한 선택을 한 것일까요?

세알못 : 가난한 유년시절을 보냈습니다. 20대부터 열심히 일하여 5억짜리 아파트 2채와 기타재산 2억을 모아 총 재산이 12억 원 정도 됩니다. 부인과 성인이 된 아들, 딸과 함께 가족을 이루고 은퇴 후 여행을 다니며 여유로운 생활을 즐기던 어느 날 평소 친하게 지내던 친구의 사망 소식을 전해 들었습니다.

저도 갑자기 죽을지도 모른다는 생각에 남겨질 가족들의 상속세 부담을 줄여줄 방법을 고민했습니다. 우리나라 상속세와 증여세는 과세표준이 증가할수록 세율이 높아지는 누진세이기 때문에 사전증여를 통해 상속세 부담을 낮출 수 있다고 생각했습니다. 높은 누진세를 회피하기 위해 자녀들에게 아파트를 각각 1채씩 미리 증여할 생각을 가지고 평소 친한 회계사를 찾아갔습니다.

그런데 회계사는 사전증여를 하면 오히려 세금이 더 나올 거라고 저에게 말했습니다. 누진세인 상속세가 사전증여로 상속재산이 줄어드는데 어떻게 세금이 더 나올 수 있을까요?

택스코디 : 우리나라 상속세는 상속재산이 많아질수록 세율이 높아지는 누진세율 구조로 이루어져 있으므로 세알못 씨처럼 사전증여를 통해 상속재산에 포함되는 재산을 줄여 낮은 구간의 상속세율을 적용하려는 시도를 많이 하게 됩니다.

　　그런데 이러한 시도를 제한하고자 상속세 및 증여세법은 상속개시일로부터 10년 이내에 상속인들에게(상속인 외의 자의 경우 5년 이내) 증여한 재산은 상속재산에 가산하여 상속세를 계산합니다. 상속세를 계산할 때에는 상속재산에서 각종 공제액을 차감한 과세표준에 상속세율을 곱하여 계산합니다. 이때 상속재산에 합산된 사전증여재산은 상속공제로서 공제해 주지 않습니다.

이것이 무슨 의미일까요? 예를 들어 상속인이 배우자와 자녀인 경우로서 상속이 일어나기 전 3년 이내에 증여한 금액이 5억, 남은 상속재산이 5억일 경우 사전에 증여한 증여재산은 상속공제 대상에서 제외되기 때문에 남은 상속재산인 5억까지만 공제됩니다. 만약 3년 전에 증여하지 않고 모두 상속재산에 포함된 경우 일괄공제(5억 원)와 배우자공제(최소 5억 원)를 합하여 10억 원까지 공제 가능하므로 내야 할 상속세는 0이 됩니다.

- 사전증여를 한 경우
1. 증여세
구분 : 증여재산 (1자녀 1인당) - 5억 원

과세표준 = 5억 원 - 5천만 원 (증여재산공제) = 4억 5천만 원
산출세액 = 4억 5천만 원 × 20% - 1천만 원 (누진공제) = 8천만 원
증여받은 자녀 수 : 2인 × 8천만 원 = 1억 6천만 원 (총 증여세)

2. 상속세
구분 : 상속재산 - 2억 원, 증여재산 (10년 이내) - 10억 원, 상

속공제 (일괄공제, 배우자공제 등 공제 한도 적용) - (-)2억 원

과세표준 = 2억 원 (상속재산) + 10억 원 (사전증여재산) - 2억 원 (상속공제) = 10억 원

산출세액 = 10억 원 × 30% - 6천만 원 (누진공제) = 2억 4천만 원

내야 할 상속세 = 2억 4천만 원 - 1억 6천만 원 (증여세액 공제) = 8천만 원

정리하면 사전증여를 한 경우 상속재산은 2억 원이지만 사전증여재산이 합산되어 상속세 과세표준은 10억 원이며, 총 내야 할 세액은 증여세 1억6,000만 원과 상속세 8,000만 원을 합해 총 2억4,000만 원이 됩니다.

• 사전증여를 하지 않은 경우
구분 : 상속재산 - 12억 원, 일괄공제 - 5억 원, 배우자공제 - 5억 원

과세표준 = 12억 원 - 10억 원 (상속공제) = 2억 원

산출세액 = 2억 원 × 20% - 1천만 원 (누진공제) = 3천만 원

사전증여를 하지 않았을 때 상속세 과세표준은 2억 원으로 사전증여를 한 경우인 10억 원과 비교해 8억 원이 적습니다. 사전증여를 했을 경우 오히려 과세표준이 더 큰 이유는 합산된 사전증여재산은 상속공제를 받지 못하기 때문입니다.

사전증여를 하지 않으면 상속세는 3,000만 원으로, 사전증여를 한 경우 증여세와 상속세를 합한 2억4,000만 원보다 무려 2억1,000만 원이 줄어들게 됩니다. 따라서 세알못 씨의 경우에는 사전증여를 하지 않고 모두 상속을 하는 것이 유리합니다.

가치가 상승하는 재산이면
사전증여 시기를 앞당기자

세알못 : 사전증여가 유리한지 사망한 후 상속이 유리한지 어떻게 알 수 있을까요?

택스코디 : 이는 피상속인의 재산 규모, 가족 구성 등을 모두 종합적으로 고려해야 합니다. 일반적으로 재산이 10억 원 이하인 경우는 상속이 유리하고 10억 원이 넘는 경우는 장기적인 안목을 가지고 접근해야 합니다.

상속세법에 따르면 피상속인이 상속개시일 전 일정 기간 이내 상속인과 상속인 외의 자에게 증여했던 재산은 상속세 신고 시 상속재산 가액에 합산해 신고하도록 규정하고 있습니다.

이러한 합산과세의 이유는 누진세율 구조상 사전증여를 통해 고액의 상속세 부담을 회피할 수 있다고 보기 때문입니다. 이외에도 상속재산 가액에 합산하는 사전증여재산에 대하여 고려할 부분들이 몇 가지 있습니다.

세알못 : 사전증여가 상속세 신고 시 어떻게 반영되고, 고려해야 할 부분들은 무엇인가요?

택스코디 : 상속재산 가액에 합산하는 사전증여재산의 가액은 증여일 현재의 시가에 따른다는 규정 (상속세법 제60조 4항)에 따라 증여 당시 시가보다 재산 가치가 상승하더라도 상승분에 대해서는 상속재산 가액에 합산하지 않게 됩니다. 그러므로 자산 가치가 상승할 것으로 예상하는 부동산의 경우 사전에 증여한다면 절세효과가 클 수 있습니다.

이를 사례로 설명해드리면 아래와 같습니다.

1. 2015년 A 씨가 자녀 B에게 목동 아파트(시가 9억 원)를 증여하였음

2. 2022년 A 씨의 사망으로 B가 상속세 신고를 할 때 B가 사전 증여받았던 목동아파트를 상속재산 가액에 합산해야 함

3. 2022년 현재 목동아파트의 시가는 약 23억 원 정도로 예상

됨

　(사전증여를 한 경우와 사전증여를 하지 않았을 때, 상속세 신고 시 합산되는 재산 가액은 9억 원과 23억 원)

　4. 이에 따른 절세효과 : 약 5.6억 원 절세효과 발생 (재산 가치 증가분에 대한 단순 세부담 차이만 고려)

　현행 규정에 따르면 상속개시일부터 소급해 10년 내 상속인에게 증여하거나, 상속인 외의 자에게 5년 이내 증여한 재산이 있을 때, 이를 상속재산 가액에 합산하고 있습니다. 상속인이란 민법에 따른 상속인을 의미합니다. 일반적으로 상속인은 직계비속 또는 배우자 등의 선순위 상속인, 상속인 외의 자는 손자녀 또는 직계존속, 형제자매 등입니다.

　증여 당시 증여세를 냈으나 다시 상속재산 가액에 합산될 상황일 때 같은 재산에 대해 단기간 내 두 번의 세금을 내 과도한 세부담이라고 느낄 수 있습니다. 세법에서는 이중과세를 방지하기 위해 증여 당시 냈던 증여세 산출세액은 상속세 신고 시 공제해 주고 있습니다.

　이러한 규정을 활용하여 절세방법을 고려해 본다면 자녀에게 10년 단위로 미리 증여하거나, 법정상속인이 아닌 손자녀 등에게 사전증여를 하는 것도 하나의 절세방법이 될 수 있습니다.

현행 상속세법에서는 피상속인의 상속재산 가액에서 차감하는 상속 공제액에 대하여 상속공제 한도를 정하고 있는데, 공제 한도 중 사전증여한 재산에 대해서는 제외하고 있습니다.

따라서 전체 상속재산 중 사전증여재산이 상당 부분을 차지하거나, 상속개시일 직전에 증여하여 자산 가치 상승분도 없어 절세효과의 실익도 없다면, 오히려 상속공제 한도액에서 해당 재산 가액만큼이 차감되어 불이익을 받는 경우가 발생할 수 있습니다.

상속개시일부터 10년 이내 사전증여를 받은 상속인은 추후 상속포기를 하더라도 해당 재산은 상속재산 가액에 합산되며, 상속세 납부 의무도 발생합니다.

상속포기의 경우 민법에 따라 상속이 있음을 안 날로부터 3개월 이내 가정법원에 상속포기 신고를 하게 되지만, 상속세법에서는 상속포기와는 별개로 상속인이 사전증여받은 재산이 있다면 상속재산 가액에 합산함과 동시에 상속인에 포함해 상속세 납부 의무까지 지우고 있습니다.

위 내용을 정리하면,

시가가 상승할 것으로 예상하는 자산은 미리 증여하면 좋습니다.

자녀에게는 10년 단위로 증여하되, 손자녀를 활용하는 것도 방법입니다.

사전증여 시 상속 예상 시기도 함께 고려해야 합니다.

이처럼 상속세 절세를 위한 목적으로 사전에 증여하는 것은 증여 당시만 고려할 것이 아니라, 추후 상속까지도 함께 고려하여 의사결정을 해야 가장 큰 절세효과를 볼 수 있습니다. 사전증여와 상속세의 관계는 위의 내용 외에도 많은 부분이 연결되어 있습니다. 따라서 단순히 위의 내용만으로 의사결정을 할수는 없지만, 기본적으로 위 내용을 잘 인지하고 활용한다면 증여세와 상속세를 모두 절세할 수 있습니다.

10년 단위로 나누어 증여하자

과거 자산가의 전유물이었던 상속과 증여, 이제는 평범한 사람들도 외면할 수 없는 이슈입니다. 부동산 보유세나 양도세, 종합소득세, 연말정산까지 전문가처럼 잘 알고 계시는 분들도 많죠. 하지만 여전히 미지의 영역처럼 느껴지는 분야가 바로 증여와 상속입니다.

평소 아무런 대비 없이 부모님 중 한 분이 돌아가시고 나서 억 단위의 상속세 고지서를 받고 멘붕에 빠지는 분들이 생각 외로 많습니다. 비교적 이른 나이에도 증여를 받거나 상속인이 될 가능성이 있습니다. 또 증여와 상속에 대한 기본 지식이 있다면 어린 자녀를 위한 증여 플랜을 짤 수도 있죠.

결혼할 때 어머니가 전세자금 3억 원을 보태주는 경우를 생각해 봅시다. 대부분 직장인은 혼례 관례상 이런 부분을 감사하게 받아들이지만, 증여세 신고 같은 것은 생각도 하지 않습니다. 그런데 증여자인 모친이 대략 9년 후에 돌아가셨다고 가정해 봅시다. 내야 할 세금은 다음과 같습니다.

당시 미납 증여세 4,000만 원 + 당시 미납 증여세에 대한 가산세 4,400만 원 + 타 상속재산과 합산한 추가 상속세와 가산세 1억 4,300만 원 =합계 2억 2,700만 원

어떤가요? 엄청나죠. 현재 우리나라 30대 근로자는 평균적으로 증여와 상속에 대해 너무나도 모릅니다. 신용카드보다 체크카드가 소득공제율이 높다는 것, 주택청약종합저축에 불입한 금액은 소득공제를 받을 수 있다는 것, 월세에 대해서 세액공제를 받을 수 있다는 것 등 연말정산에 대해서는 누구나 어느 정도 지식이 있습니다. 이와 비슷하게 증여와 상속에 대해서도 기본적인 사항은 알고 있어야 합니다.

세알못 : 증여세와 상속세 관련해 꼭 알아야 할 기본적인 사항 중 하나만을 꼽으라면요?

택스코디 : 위와 같은 아찔한 상황을 마주하지 않으려면 '10년'이라는 키워드를 반드시 기억해야 합니다. '10년 증여 플랜'이 그것입니다. 10년 단위로 증여계획을 짜야 하는 이유는 상속세 및 증여세법상 증여재산공제가 10년의 기간을 두고 갱신되기 때문입니다. 증여재산공제는 증여를 받는 사람이 배우자라면 6억 원, 직계존비속은 5,000만 원(미성년자 직계비속은 2,000만 원), 기타친족은 1,000만 원이며 이 증여재산공제액은 10년 주기로 갱신됩니다. 10년 동안 최대한 이 한도 안에서 증여를 하는 것이 증여세 절세의 핵심인 거죠.

갓 태어난 아이에게 2,000만 원을 증여한 후 10년마다 증여 재산 공제액 범위만큼 현금을 증여한다면 아이가 만 30세가 되는 해까지 증여세 한 푼 발생하지 않고 1억 4,000만 원을 증여할 수 있습니다. 아이에게 증여한 금액은 아이 명의로 예금을 들거나, 주식계좌를 만들어 가치 상승을 꾀할 수 있습니다. 아이가 만 30세가 될 때까지 증여재산공제액 범위만큼 증여한 금액은 연 4%의 수익을 보는 경우 약 2억 3,000만 원이 될 수 있습니다. 이 금액은 만약 일시에 증여하게 된다면 증여세가 약 2,500만 원 발생하는 큰 금액입니다.

또 증여자가 증여하고 나서 10년 이내에 돌아가셨다면 상속세 계산할 때 이 증여 금액을 합해서 계산합니다. 참고로 가족 간에도 돈이 오고 갈 때 반드시 세무 신고를 해야 합니다.

세알못 : 가상화폐도 증여할 수 있나요?

택스코디 - 최근 주식 및 가상화폐 가격이 하락하면서 증여 문의가 정말 많습니다. 가치가 떨어질 때 낮은 세금으로 증여해 절세효과를 누리고 나중에 가치가 오르면 시세차익을 얻을 수 있기 때문입니다.

주식과 가상화폐는 가치 평가 방법이 비슷합니다. 상장주식은 증여일 이전과 이후 각 2개월 동안 공표된 매일의 거래소 최종 시세가액 평균액을 시가로 봅니다. 가상화폐는 특정 거래소의 일평균가액의 평균액을 시가로 보아 과세합니다. 물론 훗날 가치가 오를지 말지 판단하는 것은 증여자의 몫입니다.

알아두면 쓸모 있는 세금 상식사전 **상속 증여 절세법**

7장

알아두면 쓸모 있는
세무조사

자녀 명의로 산 아파트, 자금출처 소명하라고?

세알못 : 만 32살인 아들이 얼마 뒤 결혼을 합니다. 그동안 아들의 근로소득에 제가 일부를 보태 아들 명의로 28평 아파트를 사려고 합니다. 국세청에서 제가 도와준 금액에 대해 증여세를 부과할까요? (아파트 취득가격은 취득세 등 모두 합쳐 6억 원이며 아들이 그동안 세무서에 신고된 총소득은 2억 원, 증여를 받은 적은 없습니다.)

택스코디 : 자녀의 부동산 취득 시 부모가 도와준 금액은 증여세 과세 대상이지만, 국세청 조사인력의 한계로 모든 재산 취득을 조사하진 않습니다.

국세청은 등기·등록되는 자산이 소유권 이전이 되면 관련 자료를 등기소와 지방자치단체로부터 받아 일정 금액 이상의 재산 취득 건에 대해 전산으로 추출한 뒤, 해당 재산 취득자가 그

동안의 소득세 납부실적·재산상태 등으로 보아 자력으로 재산을 취득한 것으로 보기 어려운 경우 자금출처조사를 하고 있습니다. 자금출처조사의 흐름을 요약하면 다음과 같습니다.

일정규모 이상 재산 취득→→ 국세청 → 과거 10년 내 재산 취득 조사 → 자금출처 소명

재산 취득자가 사회생활을 할수록 소득이 생기기 때문에 국세청은 나이별로 일정액 이하 재산을 취득할 경우 조사를 하지 않는데 그 기준금액은 다음과 같습니다.

구분	취득재산	
	주택	기타자산
세대주인 경우로서 가. 30세 이상인 자 나. 40세 이상인 자	2억 원 4억 원	5천만 원 1억 원
세대주가 아닌 경우로서 가. 30세 이상인 자 나. 40세 이상인 자	1억 원 2억 원	5천만 원 1억 원
30세 미만인 자	5천만 원	3천만 원

위 자금출처조사 배제기준은 재산 취득일 전 10년 이내의 취득재산을 합계하여 계산하며 위 배제기준에 미달하더라도 세무서에 의해 조사를 받아 증여받은 사실이 명백히 확인되면 증여세가 부과됩니다.

또 세무서로부터 자금출처 조사대상으로 선정되면 재산 취득자는 다음과 같은 객관적인 자료에 의해 재산 취득자금을 마련했음을 증명해야 합니다.

근로소득 신고·납부 내역, 사업소득 신고·납부 내역, 퇴직소득 신고·납부 내역, 금융소득(이자·배당) 수령 내역, 부동산 등 매각 내역, 임대보증금 수령 내역, 사적으로 차용한 내역, 금융기관으로부터의 차입 내역, 기존의 증여받은 내역(단, 증여세 신고분에 한함)

여기서 사적으로 빌린 금액을 자금출처로 인정받기 위해서는 차입계약서, 영수증뿐 아니라 계좌거래 내역, 이자지급 내역 등의 추가적인 서류가 필요합니다.

또 취득자금을 100% 입증하기 어려운 현실을 인정해 현행 상속·증여세법은 다음과 같이 입금할 금액의 범위를 정하고 있습니다.

구분	입증할 금액
취득자금이 10억 원 미만일 경우	취득금액의 80%
취득자금이 10억 원 이상일 경우	취득금액 – 2억 원

예를 들어 6억 원짜리 아파트를 취득할 경우 입증할 금액은 4억 8천만 원(6억 원×80%)이고 20억 원짜리 빌딩을 취득할 경우 입증할 금액은 18억 원(20억 원 - 2억 원)입니다.

따라서 만 30세 이상 세대주가 2억 원 이상의 주택을 취득하면 조사대상이 됩니다. 다음과 같은 절차에 따라 미리 준비해야 합니다.

1. 소명해야 하는 금액 계산 : 4억 8천만 원(6억 원 × 80%)

2. 소명 가능한 소득원 집계 : 그동안 근로소득 2억 원

3. 추가로 소명할 금액의 마련 전략 수립

   추가로 소명해야 할 금액은 2억 8천만 원이며 이를 마련할 수 있는 가장 편한 방법은 아파트 담보대출을 받는 것입니다. 만약 대출을 받을 때, 원금 및 이자 상환은 반드시 아파트 취득자인 아들의 소득으로 상환해야 합니다.

4. 공동명의 취득 고려

   아들 명의로 부족액 2억 8천만 원 전액을 대출받는 것이

부담스러울 경우 신랑, 신부가 공동명의 취득을 고려할 수 있습니다. 6억 원 아파트를 공동명의로 취득할 경우 각각 소명해야 할 금액이 2억 4천만 원 (3억 원 × 80%)으로 줄어들기 때문입니다.

자금출처조사 사례에는 어떤 것들이 있을까?

내 집 마련을 하는 사람이라면 집을 사는 데 마련한 자금출처를 밝히는 '자금조달계획서'를 작성해야 합니다. 이 정도면 자금조달계획서를 잘 썼으니까 문제가 없다고 생각했지만, 국세청의 자금출처조사 대상으로 선정돼 예상치 못한 상황에 맞닥뜨리는 일이 벌어지기도 합니다.

세알못 : 자금출처조사 사례에는 어떤 것들이 있을까요?

택스코디 : 첫 번째는 매출 누락 사례입니다. 자영업을 운영하는 부부가 아파트를 사면서 자기 자금으로 마련했다고 자금조달계획서에 기재했지만, 국세청 신고소득과 PCI(소득-지출 분석) 시스템 확인 결과, 소득 부족으로 추정돼 조사가 개시된 경우입니다. 자금출처를 확인한 결과 사업장에서 누락한 매출로 주택을 매입했음이 밝혀져 소득세가 추징된 사례입니다.

두 번째는 부모님이 대출액을 대신 상환한 사례입니다. 내 집 마련을 위해 주택담보대출을 해 주택을 사고 대출금을 갚았지만, 자녀가 신고한 소득으로는 대출금을 갚을 능력이 부족하다고 판단해 조사를 개시한 경우입니다. 이 경우 변제 능력이 부족한 자녀를 대신해 부모가 대출액을 대신 갚아준 것으로 밝혀져 증여세가 추징되었습니다.

세 번째는 부모에게 빌렸지만 사실상 증여라고 판단된 사례입니다. 주택을 사는 당시 부모 (특수관계인)에게 자금을 빌리면서 차용증을 작성했지만, 사후 확인 결과 원금 및 이자 지급이 이루어지지 않아 증여세가 추징된 경우입니다. 차용증을 쓰고 자금을 빌렸더라도 꾸준한 상환이 이루어져야 증여 추정을 피할 수 있다는 것을 보여주는 사례죠.

다음 네 번째 사례는 전세보증금을 주택취득자금으로 사용한 사례입니다. 당시 경제적 능력이 부족해 부모가 대신 부담했던 전세보증금을 반환하지 않고 주택을 취득하면서 자기 자금으로 사용한 경우입니다. 시간이 오래 지났더라도 반환하지 않은 전세보증금은 증여로 간주해 과세할 수 있습니다. 내 돈이라고 착각할 수 있지만, 과세당국에서는 엄연히 부모의 돈으로 본다는 사례가 됩니다.

마지막 다섯 번째 사례는 부모 소유의 집을 경제적 능력이 부족한 자녀가 사고 향후 부모와 임대차계약을 맺은 사례입니다. 부모의 집을 사서 부모에게 임대한 준 경우입니다. 이렇게 부모에게 받은 전세보증금을 전 임차인에게 지급하고 부모와 같이 살며 증여세를 피하려고 한 거죠.

하지만 이 또한 국세청의 레이더를 피할 수 없었습니다. 국세청은 자녀가 전 임차인에게 전세보증금을 상환할 능력이 없는 상태에서 부모에게 집값을 현금으로 받아 준 점을 이상하게 여겼고, 아울러 부모와 임대차계약을 맺고 한 집에서 공간을 분리해 산다는 점이 일반적인 관점에서 용인되지 않는다고 판단해 전세보증금의 상당액을 증여로 간주해 추징한 사례입니다.

내 집 마련 자금을 준비하면서 자기 자금은 항상 신고된 소득 (소득세, 상속세, 증여세) 등을 기준으로 판단하고, 타인 자금은 발생 시점뿐만 아니라 사후에도 엄격하게 관리되므로 상환계획도 철저하게 준비해야 하는 걸 기억해야 합니다. 자금조달계획서를 쓰면서 당연히 자기 자금이라고 생각하고 기재해도 향후 국세청의 판단은 다를 수 있습니다.

부모님 돈 빌려 집 샀다면, 차용증에 이것 꼭 써야 한다

세알못 : 30대 회사원입니다. 최근 세무서에서 시행하는 자금출처조사를 받았습니다. 3년 전에 아파트를 취득한 게 세무조사의 주된 이유였습니다. 당시 폭등하는 아파트 시세 때문에 마지막 기회라 생각해 가족으로부터 돈을 빌려 해당 아파트를 매수했습니다.

택스코디 : 최근 수년간 집값 폭등, 대출 규제 등으로 자녀들의 주택 취득자금이 부족해 부모님이나 형제 등으로부터 취득자금을 빌리는 형식으로 주택을 취득해 세무조사를 받는 사례가 많이 발생하고 있습니다.

흔히 증여세 부담을 지지 않기 위해 가족 간 차용증을 활용하는데 차용증을 작성했다고 해서 모두 인정되는 것이 아닙니다. 만약 차용증을 작성했더라도 부인되는 경우에는 당초 신고·납부해야 했던 증여세와 더불어 가산세를 추가로 부담하게 됩니다.

또 차용증으로 인해 세무조사를 받는 과정에서 본인과 부모의 사업장으로 세무조사가 확대되는 경우 더 큰 문제가 발생할 수 있으니 유의해야 합니다.

세법에서 배우자와 직계존비속 간 차용증의 인정 여부에 대해서는 명확하게 규정하고 있지 않습니다. 원칙적으로 배우자 또는 직계존비속 간의 차용은 인정되지 않지만, 형식과 실질을 갖춘 차입임을 입증하는 경우에는 예외적으로 인정될 수 있습니다.

1. 원칙

국세청은 예규 등을 통해 배우자나 직계존비속 간의 소비대차는 원칙적으로 인정하지 않는다고 밝히고 있습니다.

2. 형식과 실질

그렇다면 차용증으로 입증하기 위해서는 어떤 것들이 수반되어야 할까요. 차용증 인정 여부는 거래의 사실관계 등을 종합적으로 판단하기 때문에 차용증을 인정받기 위한 가장 중요한 점은 사회 통념상 제삼자 간의 소비대차와 유사한 형식과 실질을 갖추어야 합니다.

차용증의 정해진 법적 형식은 없지만, 차용증 내용에는 이자율, 원금 상환일, 이자 지급일을 구체적으로 기재해야 하고, 해당 내용대로 이행하는 것이 가장 중요합니다.

하지만 위 항목들이 충족한다고 하여 모든 차용증이 인정되는 것은 아닙니다. 국세청은 이외에 채무자의 나이, 재산상태, 상환능력, 상환 시기 등 제반 사정을 모두 고려해서 판단하기 때문에 각자의 상황에 맞는 차용증을 작성해야 합니다.

또 차용인의 경제적 상황, 소득 내역 등의 상환능력을 고려하여 차용 금액을 설정해야 하며, 과도한 차용 금액은 금전대차 계약으로 인정받지 못할 수 있습니다.

차용증 이자에 대하여 세법상 적정이자율은 연 4.6%이며, 적정이자율보다 적게 받는 이자에 대해서는 차용인에 대한 증여로 보아 증여세를 부과합니다. 다만, 차용증의 이자율은 법정이자율인 4.6%와 실제 지급한 이자의 차액이 연간 천만 원을 넘지 않는다면 증여세는 부과되지 않습니다.

즉 이를 역산해보면 2억 1,700만 원 정도의 금액까지는 무이자로 차용이 가능합니다. 4.6%의 적정 이자액이 1천만 원보다 적은 소액에 대한 차용은 무이자로 하더라도 이자소득에 대한 증여세 이슈가 발생하지 않지만, 금전대차 관계를 인정받기 위해서는 일반적인 거래들과의 유사성이 중요하기 때문에 법정 이자율에 미치지 못하더라도 이자를 주고받는 것이 좋습니다.

자금출처조사 중에 배우자 또는 직계존비속으로부터 증여받은 혐의가 있는 경우 그 배우자나 직계존비속도 조사대상자로 선정해 조사할 수 있습니다. 조사하는 과정에서 은행이나 가족 등에게서 빌린 채무로 자금출처를 입증하면 우선 소명을 완료하더라도 이후 해당 채무에 대해서 사후 관리합니다.

입증자료로 제시한 채무의 상환 기간이 지나면 사후 관리를 통하여 실제로 자금이 상환되었는지, 그리고 그 상환된 자금의 원천이 어디서 나왔는지 등을 조사하고 있습니다.

실제로 자금조달계획서 작성 시 차용증을 기재하거나, 차용증으로 기재하지 않더라도 주택 취득자금으로 차용한 돈을 활용한다면 지자체 소명 요청 및 세무서 자금출처조사 대상이 될 수 있습니다.

만약 세무조사가 진행되더라도 모든 차용증이 부인 되는 것은 아닙니다. 조사대상 기간과 전후 기간에 발생한 사실관계를 기반으로 관련 판례와 법적 논리로 대응한다면 충분히 인정받을 수 있습니다.

자금출처조사를 대비하여 증빙자료 제출을 위해 차용 및 원리금 상환은 계좌이체를 활용하고, 적요란에 이체 내용을 기재하여 준비하는 것이 좋습니다. 가족 간 차용을 활용하고 싶다면, 차용증을 작성하는 시점부터 세무 전문가와 상담을 통해 상황에 맞는 가장 적절한 방안을 모색하는 것이 중요합니다.

차용증 작성 이전 단계부터 철저히 준비한다면 일반적인 차용뿐만 아니라 미성년자가 부모에게 돈을 빌려 주택을 취득할 때에도 정당한 차용으로 인정받을 수 있습니다.

상속세 신고 후 5년간은 주의해야 한다

세알못 : 지난달 아버님 장례를 치르고 남겨진 재산을 파악해 보니 부동산과 금융자산 등을 합쳐 대략 20억 원 정도 됩니다. 만약 상속재산 중 일부를 타인 명의로 빼돌렸다가 상속세 신고 이후 찾아오면 국세청이 이를 알 수 있을까요?

택스코디 : 상속재산이 20억 원이라면 관할 세무서가 아버님의 지난 수년간 재산 현황을 꼼꼼히 검토했을 가능성이 매우 큽니다. 따라서 상속세를 성실히 신고하는 것이 좋으며 다음은 과세당국의 상속재산 조사방법이니 참고하면 좋습니다.

1. 상속세 신고에 대한 세무조사 여부

상속세는 정부가 최종적으로 세금을 확정 짓는 세목이므로 상속세 신고가 이루어지면 반드시 세무조사가 필수입니다. 하지만 모든 신고 건에 대해 강도 높은 세무조사를 하는 것은 아니며 상속재산이 거액이 아닌 경우에는 누락한 상속재산이 있는 것으로 파악되는 경우만 세무조사가 이루어집니다.

통상 세무조사는 상속세 신고 후 6개월 ~ 1년 사이에 많이 이루어집니다. 특히 상속재산이 20억 원을 초과하면 상속개시일(사망일) 전 5년간 금융거래를 조회하며, 상속재산이 50억을 초과할 경우 일선 세무서가 아닌 지방국세청에서 강도 높은 세무조사가 이루어집니다.

2. 과세당국의 상속재산 파악방법

국세청의 통합전산망 (TIS)에는 부모님 살아 계실 때 부모님 명의로 거래된 모든 부동산, 분양권, 골프회원권 등의 거래 내역, 이자소득·배당소득·근로소득·사업소득 등의 신고 내역이 기록되어 있습니다. 다만 예금, 주식 등의 금융자산은 통합전산망을 통해 파악되지 않기 때문에 먼저 그동안의 이자소득·배당소득의 신고 내역을 TIS를 통해 파악한 뒤, 시중은행·지방은행·제2금융권 등에 금융재산 일괄조회를 통해 그 내역을 파악합니다. 이 과정에서 주의할 사항은 다음과 같습니다.

- 보험금 : 보험회사가 보고한 지급명세서 및 명의변경명세

서 전산 조회

- 상속재산 20억 원 이상 : 금융재산 일괄조회를 반드시 하게 되어 있으며 조회 대상 기간은 5년(세무서 조사) 또는 10년(지방국세청 조사). (단, 20억 미만이어도 필요한 경우 일괄조회 실시)

- 주식 : 법인세 신고 시 제출된 주식이동상황명세서로 명의 변경 내역 검토

과세당국은 상속재산의 가액이 30억 원 이상이면 상속개시 후 5년 동안 상속인의 재산변동을 파악합니다. 이는 부모님 사망 전에 재산을 빼돌렸다가 나중에 다시 찾아오는 상속세 탈세를 적발하기 위해서입니다.

이상 내용으로 볼 때 부모님이 다음 경우에 해당하는 경우, 상속재산을 탈루해 상속세를 신고한다면 강도 높은 세무조사를 받을 가능성이 크므로 특별한 주의가 필요합니다.

- 평소 거액의 금융소득종합과세를 신고한 자
- 부동산 과다보유자로서 재산세나 종합부동산세를 일정 금액 이상 납부한 자
- 부동산임대에 대한 소득세를 일정 금액 이상 납부한 자

- 종합소득세를 일정 금액 이상 납부한 자
- 납입자본금 또는 자산 규모가 일정 금액 이상인 법인의 최
  대주주

8장

알아두면 쓸모 있는 은퇴 생활 세테크

연금계좌로 세금을 아끼는 방법이 있다

연금계좌는 연말정산 때 세액공제용으로만 쓰고 마는 게 아닙니다. 연금 자금 마련, 흩어진 퇴직금 모으기, 해외 투자 절세에도 활용할 수 있다는 것을 기억합시다.

연금계좌를 활용하는 세 가지 방법에는 '세액공제를 받고 노후 대비, 퇴직금으로 연금 재원 마련, 해외 투자 때 절세 도구'가 있습니다. 여기서 연금계좌는 연금저축, IRP(개인형 퇴직연금) 등을 말합니다.

1. 세액공제를 받고 노후 대비 수단으로도 활용

직장인이 연금계좌를 연말정산 때 세액공제를 받으려고 만드는 경우가 많습니다. 그런데 연금계좌는 세액공제용으로만 그치는 게 아니라 노후자금을 불려 가는 데 최적화된 금융 상품입니다. 일단 세액공제를 받아 수익률이 어떤 금융 상품보다 좋습니다. 그런데 여기에 더해 돈을 찾을 때까지 세금을 미뤄주는 '과세 이연'을 해줘서 투자 원금이 불어나는 효과를 볼 수 있습니다. 연금계좌에선 금융 상품을 사고팔 때마다 세금을 내는 게 아니어서 똑같은 수익이 나도 수익률이 더 높아지는 효과를 볼 수 있습니다. 한두 해에는 잘 몰라도 10년 또는 20년 동안 이런 투자를 반복한다면 무시할 수 없는 수익률 차이를 볼 수 있습니다.

또 찾을 때 세금도 적게 냅니다. 연금계좌에선 연금으로 받으면 3.3 ~ 5.5%의 낮은 세율이 매겨지는 연금소득세만 내면 됩니다. 다만 연금계좌를 해지하거나 중도에 인출 하면 기타소득세 16.5%가 부과되니 주의해야 합니다.

2. 퇴직금으로 연금 재원을 마련할 때 활용

연금계좌는 퇴직금을 연금으로 받을 수 있게 운반해주는 운반책 역할을 합니다. 이직할 때마다 받는 퇴직금을 모아서 실제 은퇴할 때까지 보관해 두는 종합 연금 통장으로 활용할 수 있다는 것입니다. 연금계좌에선 중도 인출이 상당히 어려워서 퇴직금이 쌓이게 됩니다. 이렇게 모은 퇴직금을 연금으로 받으면 퇴직소득세를 30 ~ 40% 할인해 줍니다. 또 퇴직금을 운용해 생긴 운용 수익에 대해선 연금소득세 3.3 ~ 5.5%만 떼고 연금으로 받을 수 있습니다.

3. 해외 투자 때 절세 도구로 사용

일반계좌에선 해외 펀드에 투자하면 15.4%의 세금을 내야 합니다. 그런데 연금계좌는 과세 이연이 되고, 나중에 저율의 연금소득세가 부과됩니다. 그래서 절세 도구로 활용할 수 있는 것입니다. 다만, 연금계좌에서 투자할 수 없는 금융 상품이 있다는 것에는 유의해야 합니다. 요즘은 연금계좌에서 웬만한 해외 펀드는 다 투자할 수 있지만, 해외 시장에 상장된 ETF(상장지수펀드)는 투자할 수 없습니다. 이밖에도 국내 상장 ETF 중에서도 레버리지, 인버스 상품 그리고 파생상품 투자 비율이 높은 원자재 ETF도 연금계좌에서 투자할 수 없습니다. 그 이유는 연금계좌는 노후 대비용이라 리스크가 큰 상품엔 투자를 못 하게 막아 놓은 것입니다.

개인형 퇴직연금 100% 활용한 절세법이 있다

과거에는 60세가 되면 세상을 한 바퀴 돌 정도로 오래 산 것을 축하한다는 의미로 환갑잔치를 했습니다. 이후 평균 수명이 늘면서부터 이 행사에 크게 의미를 두지 않게 됐습니다. 이제는 수명이 백 살 가까이 되는 '백세시대'입니다.

그렇다면 주목해야 할 것은 노후자금입니다. 국민연금, 개인연금 등 여러 가지 방법으로 노후준비가 가능하지만, 개인형 퇴직연금(IRP)이 세제 혜택이 가장 좋습니다.

개인형 퇴직연금(IRP)은 개인 적립 금액 또는 퇴직 시에 받는 퇴직금을 IRP 계좌에 이체해 55세 이후 연금으로 받아볼 수 있는 통장입니다. IRP는 개인 적립금형(세액공제용)과 퇴직금형(퇴직금 수령용)이 있습니다. 두 가지 종류에 따라 절세효과도 달라집니다.

먼저 개인 적립금형, 소득이 있다면 누구나(근로자·자영업자 등) 가입할 수 있고 본인 부담금으로 IRP 계좌에 이체해 적립하는 통장입니다. 연간 1,800만 원까지 낼 수 있으며 연 700만 원까지 세액공제가 됩니다. (특히 만 55세 이상은 2022년 말까지만 연 900만 원까지 세액공제가 됩니다.)

연 소득 5,500만 원 이하일 경우 115만5,000원을, 5,500만 원 초과일 경우 92만4,000원을 연말정산 때 환급받을 수 있습니다. 또 IRP 계좌에 들어있는 금액은 과세하지 않습니다.

연금을 받을 때도 저율의 연금 소득세가 부과됩니다. 55세 이상 69세 이하는 연금 수령액의 5.5%, 70세 이상 79세 이하는 4.4%, 80세 이상이면 3.3%의 세율만 부과합니다.

단, 연간 1,200만 원 초과 수령 시 종합소득세가 부과되니 주의해야 합니다. 이때 세액공제 받지 않은 원금에 대해서는 과세하지 않습니다.

퇴직금형도 소득이 있다면 누구나(근로자·자영업자 등) 가입할 수 있습니다. 2022년 4월부터 모든 퇴직자는 퇴직금을 IRP 계좌로 받도록 의무화됐습니다. (단, 만 55세 이상이거나 300만 원 이하인 경우는 예외로 합니다.)

IRP 계좌로 퇴직금이 입금되면 퇴직 소득세(10%)를 부과하지 않아 퇴직 원금 그대로 입금되고 계좌에 있는 금액과 운용 수익에 대해서 과세하지 않습니다. 연금 수령 시에는 퇴직 소득세가 30% 감면됩니다. 그러나 일시금으로 받을 때는 퇴직 소득세(10%)가 부과됩니다.

예를 들어 한 직장에서 10년 근속한 A 씨의 퇴직금이 1억 원이라면 퇴직 소득세는 1,000만 원(퇴직금의 10%)입니다. 결과적으로 A 씨가 받을 수 있는 퇴직금 실수령액은 9,000만 원입니다. 그런데 A 씨가 퇴직금 1억 원을 일시금으로 받지 않고 매년 1,000만 원씩 연금으로 받는다면 10년 차까지는 퇴직 소득세(10%)의 70%에 해당하는 금액만 연금 소득세로 부과됩니다. 연금 1,000만 원의 7% (퇴직 소득세율×70%)는 70만 원이므로 10년 차까지는 매년 1,000만 원의 연금을 받으면서 70만 원의 세금만 내면 됩니다.

이렇게 10년 동안 낸다면 700만 원의 세금을 내는 것입니다. 일시금으로 받을 때 1,000만 원을 낸 것과 비교하면 300만 원을 절세한 것입니다.

IRP 계좌는 만기 전까지 일부 금액만 인출할 수 없으며 계좌에 있는 금액을 사용하기 위해서는 무조건 해지해야 합니다. 예외로 천재지변, 무주택자의 주택 마련, 개인파산 등의 경우 중도 인출이 가능하고 저율의 연금 소득세(3.3~5.5%)가 부과됩니다.

일반적으로 중도 해지하거나 일시금으로 받을 때 세액공제 받은 원금과 총 운용 수익에 대해서 기타 소득세(16.5%)가 부과합니다.

퇴직금 원금에 대해서도 퇴직 소득세(10%)가 부과됩니다. 세액공제 받은 후 중도 해지하는 경우 오히려 더 많은 세금을 내야 할 수도 있어 손실이 발생하게 될 우려가 있습니다.

참고로 세액공제 받지 않은 금액에 대해서는 금융기관에 '연금보험료 등 소득 세액공제 확인서'를 제출해야 합니다. 동일 연도에 해지하는 경우에는 제출하지 않아도 됩니다.

세알못 : IRP 가입자가 사망하게 되면요?

택스코디 : 가입자가 사망하게 되면 배우자나 자녀에게 IRP 계좌의 금액을 상속할 수 있습니다. 상속인이 IRP 계좌를 개설한 금융기관에 가입자의 사망진단서와 가족관계증명서를 제출하면 남은 금액을 일시금으로 받을 수 있습니다. 이때 소득세를 차감한 금액에 대해서는 상속세를 내야 합니다.

다. 사망한 가입자 명의에서 배우자로 변경돼 새로 가입하지 않아도 배우자가 IRP 계좌를 자동으로 이어받게 됩니다.

가입자가 사망한 달의 말일부터 6개월 이내에 신청해야 하고 6개월이 지나면 기타 소득세(16.5%)가 부과됩니다. 상속 시에는 연금 소득세(7%)와 운용 수익에 대한 세금 (3.3~5.5%)를 차감하고 받게 됩니다.

분리과세로 세테크하자

세알못 : 은퇴 이후 소득의 급감에 대응해 마땅한 세테크 방법이 있을까요?

택스코디 : 꼭 내야 하는 세금이라면 고율의 종합과세가 아닌 저율의 분리과세에 그 해답이 있습니다. 소득세 과세 방법이 모든 소득을 합해 누진세율을 적용하는 종합과세와 각각의 소득에 따라 일정한 세율을 부과하는 분리과세로 나뉘기 때문입니다.

은퇴하면 기본적으로 연금을 통한 생활을 이어나가야 하는데 이것만으로는 부족하기에 은퇴자는 노후를 위해 예금·주식에서 발생한 이자·배당소득이 필요합니다. 만약 금전적 여유가 있어 오피스텔·상가 취득 이후 발생하는 임대소득이 있다면 금상첨화입니다.

그런데 은퇴 이후 얻는 수입이 종합과세로 이뤄지면 최대 45%에 달하는 과세가 발생할 수 있으므로 자금이 부족해지는 은퇴 이후 알뜰한 절세는 필수적입니다. 요건에 맞춘 저율의 분리과세를 적용받는 것은 큰 도움이 될 것입니다.

국민연금 같은 공적연금은 원칙적으로는 종합과세 대상이지만 공적연금 소득만 있는 경우에는 종합과세를 하지 않고 공단에서 연말정산 처리하는 것으로 끝난다. 하지만 사적연금인 연금저축, 연금계좌, 퇴직연금 등은 연 소득 합계액이 1,200만 원 이하일 경우 종합·분리과세를 선택할 수 있습니다. 즉 은퇴자가 연간 사적연금 소득을 1,200만 원 이하로 설정할 경우 6 ~ 45% 수준의 종합과세가 아닌 세율 3.3~5.5% 수준의 분리과세 혜택을 볼 수 있습니다.

이자와 배당소득 역시 연간 2,000만 원 이하면 분리과세를 적용받을 수 있습니다. 만약 2,000만 원을 초과하면 초과분에 따라 종합과세가 이뤄지므로 절세를 하려면 은퇴 설계를 할 때 최대한 분리과세를 받을 수 있도록 해야 합니다.

세알못 : 분리과세에 대해 좀 더 친절히 설명해주세요.

알아두면 쓸모 있는 세금 상식사전 **상속 증여 절세법**

택스코디 : 예를 들어 이자소득이 발생하면 금융회사에서는 일단 15.4%를 원천징수하고 나머지 금액만 통장에 입금됩니다. 납세자는 납세의무가 끝난 것이므로, 나중에 별도로 신고할 필요가 없습니다. 이처럼 납세자의 다른 소득과 합산하지 않고 납세의무가 종결되는 것을 '분리과세'라고 합니다.

다시 강조하자면 금융소득이 2천만 원이 넘어가면 초과한 금액을 종합과세, 즉 종합소득에 합산하게 됩니다.

가령 근로소득이 3억 원이고 금융소득이 5천만 원이라면, 근로소득 3억 원에 금융소득 중 2천만 원을 초과한 3천만 원을 더해서 3억 3천만 원에 대한 종합소득세를 내야 합니다.

은퇴 이후 소득절벽을 막기 위해 자금 사정에 여유가 있는 은퇴예정자들은 수익형 오피스텔이나 상가 등을 매입하는 사례가 최근 급증하고 있는데, 여기에서도 알뜰 절세는 큰 힘을 발휘할 수 있습니다.

오피스텔이나 도시형 생활주택 같은 소형 주택의 투자하는 경우 연간 임대료 합계액이 2천만 원 이하일 경우 2018년까지는 비과세지만, 2019년부터는 분리과세를 통해 14%의 세율을 매깁니다. 그리고 2천만 원을 초과하면 임대소득금액 전체가 종합소득에 합산됩니다. 참고로 상가 임대소득은 2천만 원을 넘든 안 넘든 금액 전체가 종합과세 됩니다.

퇴직금 1억으로
연금 50만 원 만들어보자

세알못 : 정년퇴직을 앞두고 있습니다. 국민연금과 금융소득 등으로 부부 둘이 살아가야 하는데, 아무래도 한 달 생활비가 50만 원 모자랄 것 같습니다. 예상되는 퇴직금은 1억 원 정도입니다. 이 돈으로 연금 50만 원을 만들려면 어떻게 해야 할까요?

택스코디 : 은퇴상품에는 다른 일반 금융 상품에 없는 절세 기능이 있습니다.

절세 기능은 '세제 적격'과 '세제 비적격' 두 종류로 나뉩니다. 세제 적격은 세액공제 혜택을 주는 것으로 은행과 증권사에서 취급하는 상품이 이에 해당합니다. 대신 연금 수령 때 세금을 내야 하는데, 다른 소득과 비교해 훨씬 싼 3 ~ 5%의 저율 과세입니다.

알아두면 쓸모 있는 세금 상식사전 **상속 증여 절세법**

세제 비적격은 세액공제 혜택은 없는 대신 연금이 비과세됩니다. 주로 보험사에서 취급합니다.

퇴직금 1억 원으로 연금 50만 원을 만들려면 즉시연금과 개인형 퇴직연금(IRP), 두 가지 선택이 있습니다.

즉시연금은 한꺼번에 목돈을 예치한 뒤 곧바로 매달 연금을 받을 수 있는 보험사 상품인데, 1억 원까지 비과세입니다. 즉시연금에 가입하려면 퇴직금을 일시금으로 받아야 하는데, 이때 퇴직소득세를 뗍니다. 퇴직소득세는 근무연수, 퇴직금 액수에 따라 다르지만, 위의 경우 5%의 세율이 적용됩니다. 9,500만 원을 즉시연금에 가입하면 현 공시이율 2% 기준 18년 동안 50만 원의 연금을 받게 됩니다.

만약 즉시연금이 아니고 IRP라면 수령 기간이 줄어들 수 있습니다. 퇴직금을 일시금으로 찾지 않고 IRP에 넣는다면 퇴직소득세가 30% 감면됩니다. 과세도 한 번에 하는 게 아니라 가입 기간 동안 분산됩니다.

만약 1억 원을 IRP에 예금해 둔다면 매달 50만 원씩 16년을 받을 수 있습니다. 그러나 IRP는 개인적인 운용이 가능할 뿐 아니라 소득이 있다면 세액공제 혜택도 받을 수 있습니다. 연금 가운데 운용 수익 부분에 대한 세금은 3 ~ 5%로 세율이 낮습니다. IRP를 통해 즉시연금처럼 18년 동안 50만 원의 연금을 타려면 연평균 3%대의 수익률로 굴려야 한다는 계산이 나옵니다.

은퇴 후 건강보험료가 걱정이다?

    국민건강보험 보장이 강화되면서 정부는 건강보험료를 더 올리는 방향으로 체계를 개편해가고 있습니다. 또 가족 등의 건강보험에 함께 가입하는 피부양자 자격은 점점 까다롭게 바뀌는 중입니다.

세알못 : 은퇴하면 가장 부담되는 게 건강보험료라는 얘기까지 나오는데, 조금이라도 이를 아낄 방법은 없을까요?

택스코디 : 직장에 다니는 동안은 보수의 3.43%를 건강보험료 (같은 금액을 회사에서 납입)로 냅니다. 직장을 퇴사하면 재산과 금융소득 등을 기준으로 보험료가 부과돼 부담이 커질 가능성이 있습니다. 만약 직장 건강보험료보다 더 많이 내야 한다는 청구서를 받았다면 '임의 계속 가입자'라는 제도를 활용해 볼 만합니다. 직전 18개월 동안 직장

을 다닌 기간이 12개월 이상인 사람이 대상으로, 36개월 동안은 직장에서 내던 만큼만 보험료가 부과되는 제도입니다. 단, 본인이 직접 신청을 해야 합니다.

퇴사해 지역가입자가 된 후 최초로 고지받은 지역보험료를 확인했더니 직장생활 할 때보다 보험료가 올랐다면, 건강보험공단에 임의계속가입자 신청을 해서 보험료를 줄일 수 있습니다. 지사를 방문하거나 팩스·전화로 신청하면 됩니다. 최초로 고지받은 지역보험료의 납부기한으로부터 2개월이 지나기 전에 신청해야 합니다.

세알못 : 다른 가족의 피부양자로 들어가기 위한 조건은요?

택스코디 : 지역보험료를 내지 않고 피부양자로 가족의 건강보험에 들어가려면 요건이 있습니다. 소득과 재산이 일정 수준 아래여야 합니다. 이중 '소득'엔 사업소득, 1,000만 원 초과 금융소득, 연금소득 등이 두루 들어갑니다. (연금소득은 사적연금은 제외되고, 국민연금 같은 공적연금만 포함됩니다.)

은퇴 생활자 중에는 퇴직금을 ELS(파생결합증권)나 예금 등으로 운용하다가 일시에 목돈이 들어오는 바람에 갑자기 피부양

알아두면 쓸모 있는 세금 상식사전 **상속 증여 절세법**

자에서 빠져 난감한 일을 겪었다는 이들이 있습니다. 이런 일을 예방하기 위해선 연금저축이나 비과세 금융 상품과 활용해 볼 것을 권합니다. 피부양자 소득 요건을 산정할 때 사적연금은 합산하지 않기 때문입니다. 매년 1,800만 원씩 불입 가능한 IRP(개인형 퇴직연금) 등 연금저축계좌는 금융소득을 줄이기에 좋은 대표적인 상품입니다.

최근 인기가 올라가고 있는 ISA(개인종합자산관리계좌)나 장기 저축성보험(1억 원 한도), 비과세종합저축, 국내 주식형 펀드(평가이익·매매차익 부분만 해당) 등이 대표적인 비과세 금융 상품입니다. 다만 ISA는 현재까지 건강보험료 산정에 활용하지 않고 있지만, 추후 제도가 다소 바뀔 수 있다는 점은 염두에 두어야 합니다.

건강보험 피부양자 요건엔 '사업소득이 없어야 한다'라는 조항이 있습니다. 사업자 등록을 하지 않았다면 사업소득이 연간 500만 원 이하면 되지만, 사업자 등록을 했다면 소득이 1원만 발생해도 피부양자에서 빠져버립니다.

작은 상가를 사서 팔 때의 양도소득세나 임대소득세 등을 줄이기 위해 부부 공동명의로 하고 임대사업자 등록을 하는 경우가 있습니다. 부부가 모두 사업자가 되고, 사업소득이 발생하는 셈이 되기 때문에 공동 임대사업자로 들어간 배우자가 피부양자에서 제외되는 경우가 생깁니다. 부부가 건강보험료 청구서를 두 개 받을 수 있다는 뜻입니다. 임대사업자 등록을 할 계획이라면 매입한 부동산을 부부 공동명의로 등록할지, 늘어나는 건강보험료를 생각해 따져 본 후 결정하는 것이 좋습니다.

알아두면 쓸모 있는 세금 상식사전 **상속 증여 절세법**

9장

알아두면 쓸모 있는
가족 간 거래와 세금

가족이 부동산을 무상으로 사용할 때 내야 할 세금이 있다

세알못 : 아버지 명의 땅에 상가를 지어 임대업을 하려 합니다. 상가 신축 관련 자금은 제가 모두 마련하고 제 명의로 등기할 예정입니다. 이때 아버지 땅을 무상으로 사용해 임대업을 하는 것이므로 증여세가 부과되나요?

택스코디 : 원칙적으로 부모 등 특수관계자의 부동산을 무상으로 사용하는 경우 그 무상사용이익에 대해 증여세를 부과합니다. 구체적으로 무상사용 개시일을 증여시기로 보고 장래 5년간의 무상사용이익을 환산하는데, 그 금액이 1억 원 이상이면 부과됩니다.

가령 특수관계자의 부동산을 자신의 사업에 사용해 발생한 사업소득이 있고 여기에 대한 소득세를 따로 냈더라도 부동산 무상사용이익 자체에 대한 증여세는 별도로 부과됩니다.

증여세 과세 대상인 부동산 무상사용이익은 부동산 가액에 상속세 및 증여세법 시행규칙이 정하는 요율(현재 2%)을 곱한 금액을 연간 부동산 사용료라고 보고 5년간의 사용료를 같은 법 시행규칙이 정하는 할인율(현재 연 10%)을 적용해 현재 가치로 환산해 산정합니다.

5년이 지난 뒤에도 계속해서 무상으로 사용하는 경우에는 5년이 되는 날의 다음 날 새로 증여받은 것으로 다시 5년간의 토지 무상사용이익을 계산해 증여세를 부과합니다. 다만 사정 변경에 따라 5년이 경과하기 전에 무상사용을 하지 않는다면 잔여 기간분 세액에 대해 경정청구 할 수 있습니다.

한편 토지 소유자인 아버지가 사업자이면 아들에게 무상으로 부동산을 임대해서 본인의 소득세를 부당하게 감소시키는 결과가 발생하므로 아버지에게는 소득세법의 '부당행위계산'이라는 규정에 따라 소득세가 부과될 수 있습니다.

정리하면 토지 소유자에 대해서는 부당행위계산을 통해 소득세가 부과되고 토지 무상사용자에 대해서는 증여세가 부과되는 것입니다.

반면 특수관계자인 토지나 건물 소유자들이 공동으로 부동산

임대업 등의 사업을 운영하는 경우라면 원칙적으로 부동산 무상사용이익에 대해 증여세를 부과하지 않습니다. 다만 정당한 비율로 사업수익을 배분하지 않으면 증여세가 부과될 수 있습니다.

실제로 부동산임대업을 공동사업으로 영위하는 부자간에 부동산 출자지분 비율이 각각 6.4%, 93.6%인데 그 손익분배비율은 33.3%, 66.7%로 산정된 사안입니다. 과세관청은 신용이나 노무 등 무형의 출자로 인해 손익분배 비율을 출자지분과 달리 정할만한 특별한 사정이 없음에도 불구하고 출자지분과 달리 정했으므로 통상적이고 정상적으로 손익분배가 이뤄졌다고 보기 어렵다고 판단했습니다. 출자지분과 손익분배 비율의 차액은 토지 무상사용이익을 증여받은 것으로 봐 증여세를 부과한 사례가 있습니다.

무심코 받은 용돈, 증여세 폭탄이라고?

세알못 : 부모님이 대신 내준 학비에도 세금이 부과될 수 있을까요? 추석 명절에 친지어르신들이 주신 용돈의 경우는 어떨까요?

택스코디 : 다음 사건을 한 번 살펴볼까요. 할머니가 미국으로 유학 간 손자의 생활비와 교육비를 부쳐준 것에 대해 과세당국이 증여로 보고 증여세를 부과하자 손자가 그 처분을 취소해달라고 소를 제기한 사건입니다. 할머니는 매달 800~1,000만 원씩 총 3억3,000여만 원의 경비를 손자에게 송금했습니다. 할머니가 사망한 후 과세당국은 이 경비를 포함해 손자가 할머니로부터 증여받은 부동산 등을 더해 2억 8,000여만 원의 증여세를 부과했습니다. 법원은 이에 대해 '증여세를 부과하는 것이 옳다'고 판단했습니다.

기본적으로 부양의무가 있는 부모가 자녀에게 주는 생활비와 교육비는 사회 통념상 벗어나지 않는 범위라면 전부 '비과세' 항목입니다.

그런데 이번 사건에서는 과세당국이 증여세를 부과했습니다. 이유는 생활비와 교육비를 지급한 사람이 부모가 아니라 '할머니'였기 때문입니다. 우리는 법적으로 본인의 자녀와 배우자, 부모에 대해 부양의무를 집니다. 다시 말하면 할머니는 손자에 대해 직접적인 부양의무가 없다는 뜻이죠.

다만 이 경우에도 부모가 자식에 대해 부양 능력이 없다면 그때만큼은 조부모가 부양자가 될 수 있습니다. 만약 이번 사건에서 미국에 보내진 생활비와 교육비가 비과세 대상으로 인정받으려면 부모가 자녀에게 돈을 직접 보낸 경우, 부모가 부양 능력이 없는 경우 중 하나에 해당해야 합니다.

참고로 신고가 누락 된 증여세는 상속세를 조사하는 과정에서 상당수 포착됩니다. 과세당국은 사망한 고인이 보유했던 계좌를 길게는 10년, 보통은 3~5년 거슬러 올라가 살펴보기 때문입니다. 그 기간 증여로 의심되는 돈의 흐름에 대해 제대로 소명하지 못하면 모두 증여로 보는 겁니다. 증여세 신고를 제때 안 한 것이므로 가산세까지 물게 되죠.

이 같은 상황을 피하기 위해서는 부모로부터 받은 돈이 생활비나 교육비 등으로 사용됐다는 기록을 남겨 놓으면 됩니다. 그러나 현실적으로 일일이 기록을 해둔다는 것은 불가능한 일이죠.

이럴 때 부모 명의의 카드를 자식에게 주고 생활비 등을 사용하도록 하는 것이 손쉬운 해법입니다. 자식이 사용한 카드 내역은 훗날 생활비 등의 소명 자료로 활용할 수 있기 때문이죠.

또 다른 방법은 통장에 기재하는 방법입니다. 입금할 때 '용돈', '학자금' 등의 기록을 남겨놓는 것이죠.

다만 기록을 남겨놓더라도 그 돈을 가지고 실제 생활비 등으로 쓰지 않고 주택 등 부동산을 매입했다면 결국 '증여'로 본다는 점을 주의해야 합니다.

부모·자식 사이 돈 빌릴 때 이것만은 알아두자

부모와 자식 사이에도 큰돈이 오가게 되면, 차용증을 쓰고 이자를 주는 것이 좋습니다.

보통의 사인 간 채무는 구두상의 계약만으로도 그 채무 관계가 인정되지만, 직계존비속 간의 채무는 증빙이 없는 경우 채무로 인정받지 못하고, 증여세가 부과될 수 있기 때문입니다.

'부모와 자식 간에 그냥 줬겠지, 빌려줬겠냐'라는 국세청의 물음에 대한 증빙을 미리 준비해두는 것입니다.

채무계약의 방식은 당사자들이 정하기 나름이지만, 직계존비속 간의 거래는 좀 다릅니다. 자칫 차용증을 쓰고 이자까지 주고도 증여세를 물 수 있으니 주의해야 합니다.

세알못 : 그렇다면 구체적으로 어떤 걸 주의해야 하나요?

택스코디 : 먼저 직계존비속 간의 채무를 상환할 때에는 이자 지급 내용이 가장 중요합니다.

직계존비속 간의 금전소비대차계약이 채무 관계로 인정받기 위해서는 법에서 정한 적정이자율로 지급해야 하는데, 적정이자율은 현재 4.6%입니다.

만약 무이자로 빌려준다면, 4.6% 이자를 무상으로 증여한 것으로 보고 증여세가 부과될 수 있고, 4.6%보다 낮은 이자를 지급한다면, 그 차액만큼이 증여된 것으로 간주합니다.

이자는 차용증에 표기돼 있다고 해서 인정해주지 않습니다. 계좌이체 등으로 이자가 정상적으로 지급됐다는 증빙이 있어야 합니다. 특히 주택을 구매하거나 전세자금 마련을 위해 부모와 자식 간에 돈을 빌렸다면 추후 부동산 취득자금에 대한 자금출처조사를 받을 수도 있으니 국세청 세무조사를 대비해서라도 이자의 지급 사실이 명확해야 합니다.

물론 적정이자율로 이자를 지급하지 않아도 되는 최저 기준

알아두면 쓸모 있는 세금 상식사전 **상속 증여 절세법**

도 있습니다. 연간 이자 합계 1,000만 원까지는 증여세를 부과하지 않는 기준입니다.

만약, 무이자로 빌렸다면 원금에 대해 적정이자율로 환산한 이자가 1,000만 원 미만이면 증여세를 물지 않습니다.

또 적정이자율보다 낮은 이자율로 빌렸다면 적정이자율로 지급한 이자와의 차액이 1,000만 원 미만이라면 증여세 과세대상에서 벗어납니다.

대략 원금이 2억1,739만 원이면 적정이자율로 연간 1,000만 원이 이자로 계산됩니다. 2억 원 정도는 무이자로 빌려주는 것이 가능한 셈입니다.

하지만 2억 원을 무한정 무이자로 빌리면 문제가 될 수 있습니다. 원금과 이자 모두 상환한 흔적이 없으니 국세청이 갑자기 조사했을 때, 채무 관계를 입증할 방법이 없기 때문입니다.

따라서 무이자로 빌리는 경우 대여 기간에 따라 원금을 조금씩 분할상환하는 등의 기록을 남길 필요가 있으며, 차용증에도 이를 적시해 두면 좋습니다.

1,000만 원 비과세 규정을 활용해 법정이자율보다 낮은 금리로 빌릴 수도 있습니다. 적정이자와의 차이가 1,000만 원 미만이면 증여세를 물지 않기 때문입니다.

예를 들어 3억 원을 빌리는 경우 이자율을 1.3%로 계약한다면 적정이자 4.6%로 부담하는 것보다 990만 원 정도 적은 이자를 부담하게 됩니다. 증여세 없이 이자 부담도 최소화하는 방법입니다.

또 돈을 빌려주고 이자를 받는 사람은 이자소득이 생기는 것이기 때문에 이자소득세를 내야 합니다.

이자소득세는 이자를 받는 사람이 아니라 주는 사람이 떼고 줘야 하는 특징이 있습니다. 이자를 주는 사람이 세금을 떼어 대신 세무서에 내는 원천징수 방식입니다. 보통 은행 등 금융기관은 이자소득세 15.4%(지방소득세 포함)를 떼지만, 개인 간 금전거래에서는 27.5%를 이자소득세로 원천징수해야 합니다.

이자를 지급하는 사람이 이자의 27.5%를 떼고 지급하고, 지급한 다음 달 10일까지 세무서에 신고·납부해야 합니다.

세알못 : 부모님에게 돈을 빌리고 차용증을 작성할 때, 별도의 양식이 있나요?

택스코디 : 부모와 자식 간의 금전소비대차계약의 경우 특별한 차용증 양식이 있는 것은 아닙니다.

채권자와 채무자의 인적사항, 차용 원금, 이자의 여부, 이자율, 변제기일, 그리고 이자 지급이 지연됐을 때 지연이자 등의 내용이 포함되면 좋습니다.

국세청은 특수관계자 간의 채무 관계에서 차용증 자체보다는 차용증의 작성날짜를 중요한 요소로 판단합니다. 차용증 없이 증여했다가 세무조사가 시작됐을 때, 뒤늦게 작성할 수도 있기 때문입니다.

따라서 차용증이 완성된 경우 작성날짜를 증명해 줄 수 있는 확정일자를 받아두거나 공증을 받아두는 것이 좋습니다.

확정일자는 차용증을 만들어 우체국에 내용증명을 보내면 받을 수 있으며, 공증은 공증인 사무소를 통해 받을 수 있습니다. 애초에 법무사 사무실에서 차용증을 작성하고 공증까지 받아둔다면 가장 확실한 증빙이 될 수 있습니다.

10장

권말부록
상속·증여에 관한
20가지 궁금증

자녀 증여,
이렇게 절세효과 높이자

세알못 : 최근 지인들로부터 자녀가 태어난 이후 틈틈이 증여를 해두는 것이 좋다고 들었습니다. 어느 정도의 금액으로 증여를 해야 하는지 그리고 어떻게 관리하면 좋을지 궁금합니다.

택스코디 : 미리 계획을 세워 자산을 자녀에게 증여하면 증여세 또는 상속세를 절감할 수 있습니다.

세법은 타인에게 재산을 증여할 경우 증여재산 (10년간 합산)에서 일정 금액을 공제할 수 있도록 하고 있습니다. 배우자에게는 6억 원, 성년 자녀에게는 5천만 원 (미성년 자녀에게는 2천만 원)의 공제가 적용됩니다. 따라서 10년마다 배우자나 자녀에게 위 증여재산공제액의 한도 내에서 증여할 경우 증여세가 부과되지 않습니다.

증여재산공제는 증여하는 사람(부모)이 아닌 증여를 받는 사람 (자녀)를 기준으로 산정됩니다. 다만 본인과 배우자가 자녀에게 증여하는 경우 동일인이 증여한 것으로 취급된다는 점에 주의해야 합니다.

만일 조부모로부터 재산을 증여받은 경우라면 증여세액의 30%(미성년자에 대한 증여재산가액 20억 원을 초과하면 40%)에 상당하는 금액을 더해 납부해야 합니다. 물론 부모가 조부모로부터 재산을 증여 또는 상속받았다가 다시 자녀에게 증여하는 경우와 비교하면 세금을 절감하는 효과가 있지만, 주의해야 합니다. 이 경우에도 5천만 원의 증여재산공제가 적용됩니다. 다만 부모가 사망한 상태에서 조부모가 손자녀에게 증여한다면 이와 같은 할증과세가 적용되지 않습니다.

증여가 이루어지면 증여일이 속하는 달의 말일로부터 3개월 이내에 증여세를 신고해야 하며 이를 준수할 경우 납부세액의 3%가 추가로 공제되는 혜택이 있습니다.

국세청은 세법에 따라 금융거래자료 등을 폭넓게 관리하고 있고 세무조사 등을 통해 미신고 증여가 밝혀지면 가산세를 추가로 부담할 수 있습니다. 미리 적법하게 신고하고 3%의 세액 공제를 받는 것이 유리합니다.

특히 자금의 원천이 없음에도 고액의 부동산·예금·주식 등을 보유하거나 임대소득을 얻고 있는 미성년자에 대해서는 빈번하게 세무조사가 이뤄지고 있습니다.

물론 10년간 증여한 금액이 증여재산공제액에 미달하는 경우라면 애당초 내야 할 세액이 없으므로 추후 신고를 하지 않은 사정이 밝혀지더라도 가산세가 부과되지 않습니다. 그러나 자녀가 추후 증여자금을 활용해 자산을 불렸는데 애당초 증여재산공제액에 미달하는 내용으로 증여받았다는 점을 객관적으로 입증할 수 있으므로 미리 신고를 해두는 것이 바람직합니다.

실무적으로는 증여재산공제액보다 약간 많은 금액을 증여해 증여세액을 일부 내고 관련 신고서 및 납부영수증 등을 보관해두는 때도 많습니다. 주식이나 부동산을 자녀에게 증여하는 경우라면 그에 맞게 변경된 주주명부나 주식변동상황명세서, 등기서류와 같은 입증자료를 별도로 보관해 둘 필요가 있습니다.

아울러 증여세는 증여를 받은 자가 내는 것이 원칙이므로 부모가 자녀의 증여세를 대신 내는 경우 해당 금액에 대해 추가로 증여한 것으로 보게 됩니다. 따라서 자녀에게 현금을 증여할 때에는 해당 현금으로 증여세를 내고, 부동산이나 주식을 증여할 때에는 증여세액을 고려한 현금까지 더해 증여한 후 증여세를 신고·납부하는 것이 좋습니다.

증여세 줄이려면, 현금보다 주식이 낫다

세알못 : 현금, 부동산, 주식 중 가장 좋은 증여 수단은 무엇일까요?

택스코디 : 부동산을 증여할 땐 복잡한 평가방법에 따라 증여받은 사람이 취득세를 내야 합니다. 그러나 현금과 주식은 평가방법이 단순하며 취득세 부담도 없습니다.

만약 아파트나 현금을 증여한다면 증여 시점에 시가로 증여가 이뤄진다고 생각할 수 있지만, 상장주식은 증여일 전후 2개월의 최종시세가액의 평균을 증여가액으로 합니다. 최근의 시세변동을 고려해 증여 시점을 정하면 된다는 의미입니다. 증여 후 주가 상승분에 대해선 추가로 증여세나 상속세를 내지 않아도 됩니다.

증여세는 증여한 달의 말일로부터 3개월 이내에 신고하고 내면 됩니다. 2개월간 주가 추이를 고려해 증여할 것인지 아닌지를 최종적으로 결정할 수 있습니다. 국세청 홈페이지인 홈택스에서 '세금신고납부 (상속증여재산 평가하기) - 재산종류선택 (상장주식)'을 차례로 선택하면 간단하게 상장주식의 증여 평가금액을 확인할 수 있습니다. 주가가 많이 오르는 추세라면 일찌감치 증여해 증여받은 사람에게 차익을 실현하게 만드는 게 좋습니다.

주당 5,000원에 1만 주의 국내 상장주식을 매입했고, 이를 주당 2만 원에 팔아 성인인 자녀에게 증여한다고 가정해보자면, 증여일 전후 2개월 (총 4개월) 간 최종시세가액의 평균액을 산정해 보니 주당 1만 원으로 평가됐습니다. 자녀에게 증여 시 10년간 5,000만 원 (미성년자는 2,000만 원) 공제가 가능합니다.

가령 2만 원에 팔아 차익을 낸 뒤 현금을 증여하면 증여세 2,000만 원을 부담해야 하지만, 증여평가액인 1만 원에 주식을 증여하고 자녀가 2만 원에 판다면 증여세는 500만 원으로 줄고, 매각자금은 모두 자녀 것이 됩니다. 증여 신고한 주식의 가치상승분을 포함한 매각대금은 추가 증여세 없이 주택 마련을 위해 자금출처로도 활용할 수 있습니다.

참고로 투기과열지구 내의 주택을 구매할 땐 거래가격과 관

알아두면 쓸모 있는 세금 상식사전 **상속 증여 절세법**

계없이 자금조달계획서와 증빙서류를 내야 합니다. 자금조달 계획서를 쓸 때 자기 자금에 증여 및 상속받은 자금을 구분해 기재하게 돼 있습니다. 이때 증여받은 뒤 매각해 얻은 시세차익도 주식 증여를 통한 자기자금으로 인정받을 수 있습니다.

또 자녀에게 증여한 뒤 10년 내 상속이 발생하더라도 상속 당시 평가액이 아닌 증여 시 평가액으로 상속재산에 합산되므로 상속세 절감효과도 기대할 수 있습니다. 물론 증여 이후 10년이 경과 하면 상속 계산에서 제외됩니다

엄카 쓰면
국세청이 다 적발해 과세한다?

　가수 '딘딘'이 과거 한 TV 프로그램에 출연하여 무명시절에 어머니의 카드를 썼다며 이를 '엄카'라고 줄여서 말했습니다. 이때부터 '엄카'라는 신조어가 많은 사람에게 널리 쓰이기 시작했습니다. 부모님의 카드를 쓰는 사람들을 '엄카족'이라고 부르고 크게 두 부류로 나뉩니다.

　먼저 '캥거루형 엄카족'이 있습니다. '캥거루형 엄카족'은 본인의 경제적 능력이 부족해 필요한 생활비를 부모의 카드로 사용하는 사람들을 말합니다. 자녀가 취업과 결혼을 하지 못해 부모의 집에 같이 살며 본인의 생활비를 엄카로 해결하는 것입니다. 최근 이런 캥거루족이 늘어나면서 '캥거루형 엄카족' 역시 같이 늘어나는 추세입니다. 그러나 '캥거루형 엄카족'은 아주 특별한 경우가 아니라면, 대부분은 부모의 부양의무를 고려해 증여세를 부과하지 않습니다.

세알못 : 그럼 엄카를 사용하면 증여세가 부과되지 않는 건가요?

택스코디 : 증여세가 부과될 수 있는 부류는 '금수저형 엄카족'입니다. '금수저형 엄카족'은 '캥거루형 엄카족'과 달리 취업을 해서 경제적 능력이 있고 결혼까지 해서 부모와 같이 살지 않지만, 본인의 생활비를 부모의 카드로 계속 사용하는 엄카족을 말합니다. 자녀가 취업할 정도의 나이라면 부모는 보통 은퇴가 임박했거나 이미 은퇴를 한 경우가 많은데, 그런 부모가 자녀의 생활비를 엄카로 해결해 줄 정도라면 경제적으로 꽤 여유가 있다고 볼 수 있을 것입니다. 자녀가 취업과 결혼까지 해 독립했음에도 불구하고 엄카를 쓰게 하는 것은 자녀가 소득이 상대적으로 부족해 자녀의 생활에 도움이 되고자 하는 것도 있겠지만, 자금출처확보와 증여세를 피하기 위한 목적인 경우가 더 많습니다.

예를 들어 세후급여가 월 300만 원인 자녀가 매월 엄카로 300만 원씩 생활비를 해결한다면 본인의 소득 300만 원은 모두 저축이 가능합니다. 이렇게 10년 동안 저축하면 3억 6,000만 원을 모을 수 있습니다. 다시 말해 월 300만 원씩 10년 동안 엄카를 쓰면 간접적으로 현금 3억 6,000만 원을 증여받은 것과 같은 효과가 있습니다. 그리고 3억 6,000만 원에 대한 증여세가

약 5,000만 원 (성년 자녀 기준) 정도인 것을 고려하면, 마치 엄카로 5,000만 원 정도의 세금을 절약한 것과 같습니다.

하지만 이것은 우회증여를 통한 명백한 증여세 탈루행위입니다. 부모의 카드를 사용하는 것에 대해서 여유 있는 부모가 자녀에게 그 정도도 못해주나 생각할 수도 있으나, 소득이 있는 자녀에게 부모의 카드를 쓰게 하는 것은 부양의무를 넘어선 증여로 볼 수 있으므로 주의가 필요합니다.

실제 사례를 보면, 엄카 사용 시 증여세 문제가 있는 것을 알면서도 적발이 어렵다고 생각해 엄카를 사용하게 하는 부모도 있습니다. 엄카를 쓰는 것이 현금을 계좌이체 하는 것보다는 증여세 탈루 적발이 어렵기는 하지만 국세청은 그간 경험과 과학적인 방법을 통해 엄카를 활용한 우회증여에 대해 적발해 내고 있습니다.

세알못 : 어떤 식으로 적발하나요?

택스코디 : 예를 들어 부모의 거주지는 강남이고 자녀의 거주지는 강북인데 강북 일대에서 집중적으로 부모의 카드가 사용된 경우, 신용카드에 연동된 후불교통카드의 동선이 자녀의 출퇴근 동선과 일치하는

경우, 카드 소비 내역을 봤을 때 고령의 부모가 그 소비를 했다고 보기 어려운 경우 등 과세 관청에서는 카드의 명의자뿐만 아니라 실제 카드 사용 내역과 장소를 분석하여 정말 부모가 사용하지 않았다고 판단할 경우 증여세를 부과하고 있습니다. 또 상속세와 증여세의 경우 제척기간이 15년으로 매우 길어 시간이 지나도 안심할 수 없습니다.

최근 급격한 주택가격 상승으로 인해 증여세를 부담하지 않고 자녀의 주택취득자금을 음성적으로 증여하고자 하는 사례가 늘고 있어 국세청에서도 증여세 탈루를 주목하고 있습니다. 적발될 경우 원래 내야 하는 증여세뿐만 아니라 가산세까지 부담할 수 있으므로, 소득이 있는 '금수저형 엄카족'이라면 증여세가 걱정되기에 엄카를 함부로 쓰지 않는 것이 가장 좋습니다.

반 토막 난 주식
증여에는 최적 타이밍이다

세알못 : 재산 대부분을 주식·펀드·가상자산 등 금융상품으로 보유하고 있습니다. 최근 바닥을 모르고 떨어지는 주식·코인 탓에 밤잠을 설치는 나날들이 이어지던 중 우연히 직계 가족에 대한 재산증여가 2021년 기준 역대 최대였다는 기사를 봤습니다. 그리고 '자산이 저평가 됐을 때가 증여의 적기'라고 하던데. 이참에 저도 자녀에게 증여나 할까'라는 생각이 떠올랐습니다. 녹아내리는 계좌를 보며 지금이라도 '손절' 해야 하나 '강제 장투'를 가야 하나, 두 가지 선택지에서 갈팡질팡하던 저에게 '증여'라는 새롭고도 괜찮은 선택지가 생긴 거죠.

자녀에게 5,000만 원까지는 증여세 부담 없이 증여 가능하다고 하던데 주식은 어떻게 계산해야 하나요?, 해외주식을 증여하면 환율은 어떻게 되나요? 가상자산의 평가액은요?

택스코디 : 증여세는 타인에게 무상으로 이전되는 재산에 대해 과세하는 세금입니다. 증여세를 부과하려면 무상으로 이전되는 재산의 가

알아두면 쓸모 있는 세금 상식사전 **상속 증여 절세법**

치를 언제를 기준으로(평가기준일), 어떻게 평가할 것인지(평가방법)에 대한 기준이 있어야 합니다. 이러한 기준은 '상속세 및 증여세법(상증세법)'에 명시되어 있습니다. 재산의 평가는 증여세에 직접 영향을 주기 때문에 납세자이면 증여세 절세를 위해 본인이 받게 될 재산이 세법상 어떻게 평가될 것인지를 먼저 알아야 합니다.

첫째로, 세법에서는 증여일 현재를 기준으로 재산을 평가하게 되어 있습니다. 증여일이란 증여를 통해 재산을 취득한 때를 말하는데, 예를 들어 주식을 증여하는 경우 일반적으로 계좌 대체 (입고)일이 증여일이 될 것입니다. 구체적으로 살펴보면 다음과 같습니다.

금융상품	증여일 (증여재산 취득시기)
주식 및 출자지분	계좌 입고일 등 객관적으로 확인되는 인도일(단, 인도일이 불분명하거나 인도 전 명의개서 시는 명의개서일 기준)
무기명 채권	이자 지급 등으로 취득사실이 객관적으로 확인된 날(단, 취득일이 불분명할 경우 이자 지급·채권상환을 청구한 날)
그 외 등기 등록을 요하는 재산	소유권 이전 등기·등록 신청서 접수일
그 밖의 재산	인도일 또는 사실상의 사용일 등

둘째로, 세법에서는 증여로 인해 취득하는 재산을 증여일 현재의 시가(時價)로 평가하되, 시가 파악이 어려운 경우에는 당

해 재산의 종류·규모·거래상황 등을 고려하여 규정된 방법인 '보충적 평가방법'에 따라 평가하게 되어 있습니다.

여기서 시가란 불특정 다수인 사이에 자유롭게 거래가 이루어질 때 통상적으로 성립된다고 인정되는 가액으로, 증여일 전 6개월부터 증여일 후 3개월까지의 평가 기간 내 해당 재산에 대해 매매·감정(단, 주식은 제외)·수용·공매·경매가 있는 경우는 그 가액도 시가로 인정됩니다. 경우에 따라선 해당 자산이 아닌 유사재산의 매매사례가액과, 평가심의위원회의 심의를 거쳐 인정되는 가액까지도 시가에 포함될 수 있습니다.

세알못 : 만일 평가 기간 내 시가로 보는 가액이 둘 이상이면 어떻게 해야 하나요?

택스코디 : 이때는 증여일과 더 가까운 날에 해당하는 가액을 시가로 봅니다. 단 코스피와 코스닥 시장에 상장된 주식과 가상자산의 경우, 시가 존재 유무와 상관없이 보충적 평가방법에 의해 평가한 가액을 시가로 보게 되어 있으니 주의해야 합니다.

앞서 말한 것처럼 시가가 없는 경우에는 보충적 평가방법에 따라 증여재산을 평가하게 됩니다. 예를 들어 비상장주식의 경

알아두면 쓸모 있는 세금 상식사전 **상속 증여 절세법**

우 사설거래소의 시세 또는 액면가로 평가한다고 착각하기 쉬우나, 상증세법에 따르면 시가가 없는 비상장주식은 순자산가치와 순손익가치의 가중평균액으로 평가해야 합니다. 또한, 펀드나 상장지수펀드(ETF) 등 집합투자증권은 증여일 현재의 거래소 기준가격 또는 자산운용사(집합투자업자) 등이 공고한 기준가로 평가됩니다.

세알못 : '서학개미'들이 보유 중인 해외 상장주식은 어떤가요?

택스코디 : 이 경우에도, "증여일"의 기준환율을 적용한다는 점만 제외하면 국내 상장주식의 평가방법과 같습니다. 하루에도 수차례 급등락을 반복하는 가상자산 역시 평가기간이 증여일 전·이후 1개월로 조금 짧다는 점을 제외하면 상장주식의 평가방법과 유사합니다. 주요 금융상품별 보충적 평가방법을 정리하면 다음과 같습니다.

금융상품		보충적 평가방법
주식	국내 상장주식	증여일 이전 · 이후 2개월 간 종가 평균
	해외 상장주식	증여일 이전 · 이후 2개월 간 종가 평균 × 증여일의 기준환율
	비상장주식	1주당 순자산가치와 순손익가치의 가중평균액

국·공채 및 사채 (전환사채 제외)	거래소 상장분	MAX(증여일 이전·이후 2개월 간 종가 평균, 증여일 이전 최근의 종가)
	그외 (비상장 등)	처분예상금액, 처분예상가액 산정이 어려운 경우 둘 이상의 투자매매업자 등의 평가액 평균
예금·저금·적금		예입금액 + 미수이자상당액 − 원천징수세액상당액
펀드, ETF		증여일 현재 거래소 기준가 또는 집합투자업자 등이 공고한 기준가(단, 증여일 현재 기준가가 없을 시 환매가 또는 가장 가까운 날의 기준가)
ELS, DLS 등 파생결합증권		증여일 현재 발행사 등이 공고한 기준가 등
가상자산		증여일 전·이후 1개월 간 월평균가액 평균 등

참고로 상장주식의 평가기간은 "전 2개월이 되는 날 + 1일 / 후 2개월이 되는 날 − 1일"로 계산하면 편리합니다. 예를 들어 국내 상장주식을 7월 26일에 증여한 경우, 평가기간은 5월 27일부터 9월 25일까지가 평가기간 입니다.

세알못 : 그럼 증여일 이전·이후 2개월이 되는 날이 공휴일 등에 해당하는 경우에는 어떻게 계산해야 하나요?

택스코디 : 이때도 평가기간을 늘리거나 줄이는 등의 변동 없이 그 기간 내의 종가만 고려해 평균을 계산하면 됩니다.

납세자가 세법상 평가방법에 따라 직접 재산을 평가하기는

알아두면 쓸모 있는 세금 상식사전 **상속 증여 절세법**

쉽지 않습니다. 이러한 어려움을 해소하고자 국세청 홈택스에서는 국내 상장주식과 가상자산에 대해선 세법상 평가방법에 따른 평가금액을 손쉽게 계산해 볼 수 있는 '상속·증여재산 스스로 평가하기' 서비스를 제공하고 있습니다.

자녀에게 증여하게 되면 사전증여를 통한 상속세 절세가 가능하며, 합법적인 자금출처를 마련할 수 있고, 자녀의 자산증식을 위한 시드머니 (Seed Money)로 활용 가능한 점 등 여러 장점이 있습니다. 특히 요즘 같은 하락장에서 주식 등 금융 상품을 증여한다면, 부동산 증여와는 달리 취득세 부담도 없을 뿐 아니라 자산 저평가로 인해 증여세 부담도 낮아지게 되므로 그 효과가 더욱 커질 수 있습니다. 최근 들어 오너家, 임원 등 대주주의 주식 증여가 늘고 있는 이유도 바로 이 때문입니다.

다만 증여를 받은 자녀가 직접 증여세를 부담해야 하는 점, 증여받은 금융 상품에서 발생하는 이자 및 배당소득 등은 자녀에게 귀속되므로 건강보험료 등에 영향을 미칠 수 있는 점 및 저가일 때 증여로 취득한 주식을 차후 양도하는 경우 취득가액이 낮아져 양도차익이 커지게 되는 점 등은 증여 결정 전 주의해야 할 사항입니다.

매월 어머니께 생활비를 드리면 증여세 내야 하나?

생활비로 매월 돈을 받으면 증여세가 발생하는지, 생활비라고 하면서 목돈을 넘겨주면 또 어떻게 되는지, 생활 속에서 쉽게 부딪칠 수 있는 증여 문제는 무수히 많습니다.

> **세알못** : 매월 생활비로 어머니께 100만 원을 드리면 증여세 문제가 발생하나요?

> **택스코디** : 상식적으로 과도한 금액을 주고받는 것이 아니라면 생활이나 치료 등에 들어가는 금품은 생활과 밀접한 관련이 있으므로 다른 증여 대상과 똑같은 잣대로 법을 해석하지는 않습니다. 그러나 법망을 피해 편법으로 이를 악용한 경우에는 문제가 발생합니다.

과세당국은 민법상 부양의무자 상호 간의 치료비, 생활비, 교육비로 필요하다고 인정되는 금품에 대해서는 증여세 부과를 하지 않습니다. 그런데 생활비나 교육비 명목으로 취득한 재산을 예·적금하거나 주식, 토지, 주택 매입 대금 등에 충당하는 경우 그 금액에 대해서는 과세를 하고 있습니다.

따라서 이런 금액을 추적해 증여세를 부과하기보단 호화, 사치 생활자나 고급 주택을 가진 사람들을 대상으로 자금출처조사나 사업 조사를 해서 증여세를 추징하는 간접적인 방법을 사용하는 게 현재 실정입니다.

> 세알못 : 자녀를 위해 교육비나 결혼 자금을 마련하기 위해 보험이나 은행권의 적금을 이용하는 건 문제가 되나요?

> 택스코디 : 은행 적금은 그 거래 근거가 은행에 남기 때문에 반드시 증여세 문제를 따지고 넘어가야 합니다.

증여세법에서는 자녀가 미성년자이면 10년간 2천만 원, 성년이면 5천만 원까지 비과세를 적용합니다. 이런 비과세를 활용해 미리 자산을 이전하는 것은 도움이 될 수 있습니다.

가령 자녀의 대학 교육비를 위해 월 15만 원씩 10년간 저축하고 있다면 원금은 1,800만 원 (15만 원 × 12개월 × 10년)이 됩니다. 이때 원금은 비과세 한도인 2천만 원 내이므로 증여세가 부과되지 않습니다. (이자는 원금에 따르는 수익이므로 역시 증여에 해당하지 않습니다.)

> **세알못** : 자녀 결혼 자금을 위해 월 40만 원씩 10년간 정기적금을 들어 원금만 4,800만 원을 모았는데, 하라는 결혼은 안 하고 그 돈을 밑천으로 장사를 해서 5억 원 정도 돈을 벌었는데, 이럴 때 증여세 문제는 어떻게 되나요?

> **택스코디** : 원금은 성년 자녀 비과세 한도인 5천만 원 내이므로 증여세가 부과되지 않습니다.

그리고 증여받은 자금을 밑천으로 발생한 사업소득 5억 원도 증여에 해당하지 않습니다.

이혼한 부모로부터 동시에 재산을 증여받으면, 증여재산공제는 어떻게 적용되나?

세알못 : 이혼한 부모로부터 동시에 재산을 증여받으면, 증여재산공제는 어떻게 적용되나요?

택스코디 : 세법에서는 증여자의 지위에 따라 수증자에게 증여재산공제를 적용하고 있습니다.

부모로부터 증여를 받는 것이기 때문에 수증자를 기준으로 직계존속에 해당합니다. 따라서 수증자인 자녀가 성년이면 5천만 원, 미성년자이면 2천만 원의 증여재산공제가 적용됩니다.

그렇다면 부모가 이혼했다고 하여 이 내용이 바뀔까요? 이혼한 부모로부터 재산은 증여받을 때 증여재산공제를 각각 5천만 원(미성년자는 2천만 원)씩 해서 총 1억 원 (미성년자는 4천만 원)

을 적용받을 수 있는가 하는 문제입니다. 국세청은 이렇게 답을 했습니다.

이혼한 부모로부터 동시에 재산을 증여받았다면, 증여재산공제 5천만 원 (미성년자 2천만 원)을 각각의 증여세 과세가액에 대해 안분하여 공제를 적용합니다. 즉 증여재산공제로 적용할 수 있는 총금액은 5천만 원입니다.

> **세알못 : 기타친족 여러 명으로부터 증여 받았을 때, 각각 1천만 원씩 증여재산 공제를 적용하나요?**

> **택스코디 : 배우자나 직계존비속이 아닌 기타친족(6촌이내 혈족이나 4촌이내 인척)으로부터 증여 받는 경우에는 1천만 원의 증여재산공제를 적용하게 됩니다.**
> **그러면 큰아버지나 고모와 작은아버지에게 각각 증여받는다면 3천만 원의 증여재산공제를 적용할까요? 아닙니다.**

증여재산공제는 수증자를 기준으로 해서 10년 단위로 적용하는 것이므로 세 분의 증여재산에 대해서도 총 1천만 원의 증여재산공제를 적용할 뿐입니다.

다만, 증여세 과세는 증여자별로 계산하므로 큰아버지와 고모, 그리고 작은아버지에게 받은 재산을 합산하여 누진세율을

알아두면 쓸모 있는 세금 상식사전 **상속 증여 절세법**

적용하는 것이 아니라 각각 수증 받은 재산에 대해서 증여세를 계산하는 것입니다.

만약, 큰아버지로부터 증여받은 재산에 대한 증여세를 계산할 때 증여재산공제 1천만 원을 모두 적용하였다면, 그 후에 고모나 작은아버지로부터 증여받는 재산에 대해서는 증여재산공제를 적용할 수 없는 식입니다.

증여받을 아파트를
팔 계획입니다

아파트를 사고 보유하거나 증여하게 되면 세금을 내야 합니다. 살 때는 취득세, 가지고 있을 때는 재산세와 종합부동산세 그리고 증여할 때는 증여세를 내야 합니다.

세금을 내려면 세금을 부과하는 기준인 과세표준, 즉 아파트(재산)의 가격을 알아야 세액을 계산해서 낼 수 있습니다. 세금마다 성격이 다른 만큼 세목별로 재산 가격을 매기는 방식에도 차이가 있습니다. 특히 증여할 때 아파트의 재산 가격을 따지는 방식이 까다롭습니다.

세알못 : 세금마다 재산 가격을 평가하는 기준이 어떻게 다른지, 재산 평가 방법을 가지고 증여받을 때 활용할 수 있는 절세방법에는 무엇이 있는가요?

택스코디 : 재산세와 종합부동산세는 주택 공시가격을 기준으로 재산 가격을 산정합니다. 국토교통부의 부동산공시가격 알리미에 들어가면 아파트의 공시가격을 확인할 수 있습니다.

재산세의 경우 6월 1일을 기준으로 한 공시가격에 60%의 공정가액비율을 곱하면 되고, 종부세의 경우 전국합산공시가격에 다주택자의 경우 6억 원 1주택자의 경우 11억 원을 빼고 현행 80%의 공정가액비율을 곱하면 과세표준, 즉 세금을 매기는 가격을 구할 수 있습니다. 여기에 세율을 적용하면 향후 내야 할 세금을 계산할 수 있습니다.

증여와 상속은 재산을 무상으로 이전받는 것이므로 공시가격이 아닌 실질적으로 재산을 이전받은 가격을 기준으로 합니다. 따라서 주택 공시가격이 아닌 증여일 현재의 아파트 '시가'를 기준으로 세금을 매깁니다. 아파트라면 증여 등기를 접수한 당일의 가격이 기준이 됩니다.

시가란 상호 간 거래에서 통상 성립되는 금액을 이야기합니다. 증여일 전으로 6개월, 증여일 후로 3개월 동안 매매, 감정평가, 수용, 경매 또는 공매된 가격이 시가가 됩니다.

매매의 경우 그 거래 가액이 시가가 되고, 감정평가의 경우 공신력 있는 감정기관이 2개 이상 평가하고 평균 낸 감정가액이 시가가 됩니다. 기준시가가 10억 원 이하인 경우는 1곳에서만 감정평가를 받아도 무방합니다.

또 자주 있는 경우는 아니지만, 아파트가 수용되거나 경매, 공매된 경우는 그 경매가액과 공매가액이 시가가 됩니다. 단, 이 경우 특수관계 간의 경매나 공매는 제외합니다.

그리고 시가를 평가할 때 가장 쟁점이 되는 유사매매사례가액이라는 게 있습니다. 유사매매사례가액은 해당 재산의 매매 등의 시가(매매·감정·수용·경매·공매)가 없을 상황에만 적용합니다. 증여일 전 6개월부터 평가기간 내 증여세 신고일까지의 기간 중 상속재산과 면적, 위치, 용도, 종목 및 공시가격이 같거나 유사한 다른 재산에 대한 매매가액이나 감정가액의 평균액이 있는 경우 이를 유사매매사례가액이라고 해서 시가로 봅니다.

유사매매사례가액을 시가로 보는 경우는 증여일 전 6개월부터 증여세 신고일까지 입니다. 이 기간까지 나온 금액만을 기준으로 합니다. 신고일 이후의 거래가는 알 수 없기 때문입니다.

알아두면 쓸모 있는 세금 상식사전 **상속 증여 절세법**

유사한 재산이라고 인정할만한 재산의 범위는 이른바 '5% 룰' 안에서 허용됩니다. 내 아파트와 같은 공동주택단지 내에 있고, 전용면적, 기준시가가 5% 이내의 차이가 나면 유사한 재산이라고 봅니다.

세알못 : 시가가 여러 개가 있을 때는요?

택스코디 : 아래의 순으로 판단합니다.

1순위 : 당해 재산의 매매 등의 가액
2순위 : 유사매매사례가액
3순위 : 보충적 평가가액 (주택 공시가격)

시가가 여러 개일 땐 해당 우선순위에 따라 가격을 결정하게 됩니다. 1순위에 해당하는 재산 매매가액이 없을 때는 2순위의 유사매매사례가액을, 2순위의 유사매매사례가액이 없을 때는 3순위의 주택 공시가격을 적용합니다.

단, 가액이 여러 개일 때는 추가로 살펴볼 기준이 있습니다. 재산 매매가액이 여러 개일 때는 증여일로부터 가장 가까운 날의 가액을 우선으로 하고, 유사매매사례가액이 여러 개일 경우 주택 공시가격과 유사매매사례가격의 가격차가 가장 적은 가액을 우선으로 합니다. 이 두 가지에 해당하는 가액이 모두 없을 때, 주택 공시가격을 시가로 하게 되는 겁니다.

세알못 : 증여받은 아파트를 팔 계획입니다.

택스코디 : 공시가격을 기준으로 증여세를 적게 내면 당장은 좋을 수 있지만, 나중에 팔 때는 후회할 일이 생길 수 있습니다.

증여재산평가금액이 증여를 받는 사람의 취득가액이 되기 때문에 향후 양도소득세가 부과될 때 영향을 미칠 수 있기 때문입니다. 평가금액이 시가 기준이면 양도차익이 적게 산정될 거고, 기준시가 기준이면 시가보다 상대적으로 낮은 가격이므로 양도차익이 크게 산정됩니다.

따라서 증여받고 팔 계획이라면 감정평가를 받은 가격으로 증여받는 게 절세방법이 될 수 있습니다. 이렇게 증여받을 때 최대한 시가에 맞춰 놓으면 훗날 아파트 가격이 올랐을 때 양도 차익을 줄여 양도세를 절세할 수 있습니다.

알아두면 쓸모 있는 세금 상식사전 **상속 증여 절세법**

이것 알아야 세금 덜 낸다

아파트 2채를 보유하고 있으면서 종합부동산세 납부가 부담 스러운 A 씨는 거주 중인 아파트 이외의 나머지 1채를 자녀에게 증여할까 고민 중입니다. 다주택자에 대한 양도소득세 중과 때문에 매도하기도 쉽지 않고, 요즘 젊은 사람들이 월급만 열심히 저축해서는 주택을 매입하기 쉽지 않다는 것을 잘 알기에 곧 결혼을 앞둔 자녀에게 아파트를 증여하는 쪽으로 마음을 굳히는 중입니다.

세알못 : 아파트 1채를 자녀에게 증여하겠다는 것만 결정하고 증여시기를 결정하지 못하고 있는 A 씨는 어떤 세금을 고려해야 하고, 언제까지 증여하는 것이 절세 측면에서 가장 좋을까요?

택스코디 : 현재 지방세법에서는 무상취득인 상속과 증여의 경우에 시가표준액인 공시지가(주택의 경우, 공동주택가격 또는 개별주택공시가격)를 과세표준으로 해서 취득세를 부과하고 있는데 지방세법 개정으로 2023년 1월 1일부터는 취득세 과세표준을 '취득일로부터 6월 이내 감정가액, 공매가액 및 유사매매사례가액 중 가장 최근 거래가액'인 "시가인정액"으로 적용합니다.

즉, A씨가 2022년 12월 31일 이전에 아파트를 자녀에게 증여했다면 자녀는 공동주택가격을 과세표준으로 취득세를 내면 됐지만, 2023년 1월 1일부터는 흔히 '시가'라고 볼 수 있는 증여시점 6개월 이내에 동일 아파트 단지에서 거래된 동일 면적 거래의 유사매매사례가액을 과세표준으로 해서 취득세를 내야 합니다. 아파트의 경우 보통 공동주택가격이 시가의 70~80% 수준에서 형성되기 때문에 취득세 과세표준이 공동주택가격이냐 시가인정액이냐에 따라 취득세 부담 금액에서 차이가 나게 됩니다. 따라서 취득세 절세를 고려한다면 A 씨는 아파트 증여로 인한 취득세의 과세표준을 공동주택가격으로 적용받을 수 있는 2022년 연말까지 증여하는 것이 좋습니다.

종합부동산세는 세대 단위가 아닌 인별 과세로서 과세기준일은 6월 1일입니다. 종합부동산세의 납부는 12월 (12.1~12.15)에 이루어지지만 12월을 기준으로 판단하는 것이 아니라 6월 1일을 기준으로 판단하는 것입니다. 따라서 6월 1일에 주택을 소유한 자(재산세 납세의무자) 중 공시가격을 합산한 금액이 6억 원(1세대 1주택인 경우 11억 원)을 초과하는 경우 종합부동산세를 내야 할 의무가 있습니다.

A 씨가 종합부동산세를 절세하기 위해서는 종합부동산세 과세기준일 (6월 1일)이 되기 전에 증여세 신고를 완료하는 것이 좋습니다. 그런데 주택 공시가격은 4월 말에 확정됩니다

따라서 A 씨가 자녀에게 아파트 1채를 증여하기로 했다면 증여 시점은 종합부동산세를 절세할 수 있는 6월 1일 이전이어야 합니다. 그런데 여기서 반드시 한 가지 더 고려해야 할 점은 바로 매년 주택 공시가격의 확정시점 입니다. 매년 4월 말에 그해의 주택에 대한 공시가격이 확정됩니다. 그러므로 공동주택 공시가격의 결정·공시 이전에 A 씨가 자녀에게 아파트를 증여한다면 A 씨의 자녀는 지난해 기준의 공동주택가격을 적용하여 취득세를 내면 됩니다.

참고로 증여세는 시가 과세가 원칙이고, 아파트의 경우 유사매매사례가액이라는 시가인정액으로 증여세가 부과될 가능성

이 크기 때문에 아파트 공시가격과는 관련성이 떨어지는 편입니다. 하지만 아파트와 달리 유사매매사례가액을 시가로 적용하기 어려운 단독주택을 증여하는 경우라면 4월 말에 확정되는 개별주택공시가격의 변동 여부에 따라 증여세도 달라질 수 있습니다.

이민 가면 상속세 피할 수 있나?

대한민국의 상속세는 최고세율이 50%로 세계적으로 비교해도 높은 수준입니다. 이런 상속세는 1999년 개정된 후 2021년 하반기에 개정논의가 있었으나 일부 개정사항을 제외하면 큰 체계는 바뀌지 않았습니다.

세알못 : '상속세를 피하려고 이민 가는 수밖에 없다'라는 농담을 하는 사람들도 있습니다. 상속세가 없거나 적게 내는 나라로 이민을 가면 상속세를 피할 수 있나요?

택스코디 : 예를 들어 재산이 100억이 있는 자산가가 사망 시 배우자가 있으면 약 26억 원, 배우자가 없으면 약 40억 원의 상속세를 내야 하니 수십억을 상속세로 낼 바에는 이민 가는 것이 더 낫겠다 생각이 들 수도 있을 법하죠.

하지만 안타깝게도 이민 간다고 해서 상속세를 완전히 회피할 수 없습니다. 대한민국의 상속세를 적용받고 싶지 않다면 사람만 나가면 될 일이 아니고, 재산도 같이 나가야 하기 때문입니다. 여기서 사람이 나간다는 의미는 국적을 말하는 것이 아닙니다. 외국 시민권을 획득하여 외국인이 된다고 해도 주된 거주지가 대한민국이라면, 즉 세법에서 정의하는 '거주자'라면 국내와 국외 모든 자산에 대하여 상속세를 부과하게 됩니다. 단순히 국적을 변경하였다고 해서 대한민국의 상속세 및 증여세법의 적용을 피할 수 없다는 것입니다.

또 주된 거주지를 해외로 옮기더라도 완전히 상속세를 피할 수는 없습니다. 세법에서 정의하는 거주자가 아니라 하더라도 대한민국 내 자산에 대해서는 여전히 상속세를 부담해야 합니다. 즉 내가 대한민국 국민도 아니고 대한민국에 살지 않더라도 대한민국에 자산을 가지고 있다면 상속세를 내야 한다는 것입니다. 따라서 거주지를 해외로 옮기고 재산도 모두 처분하여 해외로 이전하지 않는 한 상속세를 피하기 어렵습니다.

그럼 재산을 다 처분하고 나가면 되지 않느냐 생각할 수 있지만, 처분 시에 발생하는 세금이나 부대비용을 고려하면 이 또

알아두면 쓸모 있는 세금 상식사전 **상속 증여 절세법**

한 쉬운 문제는 아닙니다. 특히 부동산의 경우 양도소득세를 부담해야 하므로 처분하고 나면 자산이 줄어들 수밖에 없고 부동산에서 발생하던 임대소득이 있었다면 이것도 포기해야 합니다. 결국 이민을 통해 상속세를 피하는 것은 현실적으로 어렵습니다. 괜히 상속세 피하려다 더 중요한 것들에서 문제가 생길 수 있으니, 다소 억울하다는 생각을 할 수도 있지만 제일 현명한 방법은 현행 제도 아래에서 상속세를 절세하는 방법을 찾는 것입니다.

참고로 2022년 상속세 납부 방법에 작은 변화가 있었습니다. 연부연납기간이 5년에서 10년으로 늘어난 것, 그리고 미술품이나 문화재로 상속세를 물납할 수 있게 된 것입니다. 물론 상속세의 과세체계나 세율이 바뀐 것이 아니라 상속세 부담의 절대 금액이 변한 것은 아닙니다. 최근 들어 상속세를 내는 사람의 비율이 높아지긴 했지만, 상속세는 여전히 내는 사람보다 내지 않는 사람이 훨씬 많습니다. 이것이 쉽게 개정이 되지 않는 이유입니다.

유언이 없을 때
상속재산은 어떻게 나누나?

세알못 : 아버지가 2008년 7월 11일에 사망했습니다. 그 상속인으로는 나이 순서대로 A(본인, 장녀), B(장남), C(차남), D(차녀) 4명의 자녀가 있었습니다. 아버지는 사망하기 직전인 2008년 7월 11일 의식불명 상태에 있었는데, 장남 B는 소지하고 있던 아버지의 은행 예금통장과 도장을 사용해 예금 2억 1000만 원을 자기 마음대로 인출 했습니다. B는 찾은 돈 중 1억 원은 남동생인 C에게 주었고, 2,000만 원은 아버지의 간병비로 지출하였으며, 나머지 9,000만 원은 자신이 가졌습니다.

아버지가 사망한 시점에서 실물로 남아있는 상속재산은 다른 은행에 예치해 둔 예금채권 4억 원이 전부였습니다. 그런데 사실 아들인 B와 C는 생전에 아버지로부터 수십억 원 상당의 부동산과 현금을 증여받았지만, 딸인 저와 D는 받은 것이 거의 없었습니다. 그런데도 장남 B와 차남 C는 4억 원의 예금채권을 균등한 비율인 4분의 1씩 나누어 가지자고 주장했습니다. 이에 저는 서울가정법원에 상속재산분할재판을 신청하면서, 만일 저와 D가 남아있는 예금의 4분의 1씩만 상속하게 되면 너무 불공평한 결과가 되기 때문에, 남아있는 예금 외에 사망하기 전에 있던 B가 임의로 인출 한 예금채권을 포함한 상속재산 전부를 B와 C를 제외하고 저와 D 둘이서 나누어 가져야 한다고 주장했습니다. 이러한 주장은 받아들여질 수 있었을까요?

택스코디 : 상속인이 여러 명일 때, 사망한 사람이 유언으로 유산을 어떻게 나누어 가질지 정해 주지 않았다면, 상속인들은 서로 협의해 상속재산을 나누어 가질 수 있고, 협의가 이루어지지 않으면 가정법원이 정하게 됩니다. 어느 경우나 상속재산분할은 나눌 대상을 확정하고, 그 재산에 대해 상속인별로 나누는 비율을 정하는 과정으로 진행됩니다.

분할의 대상이 되는 것은 사망한 시점에 돌아가신 분의 이름으로 된 재산이고, 법에서 정한 분할 비율(법정상속분)은 원칙적으로 공동상속인들 사이에 균등합니다. 그런데 상속인들 사이의 공평을 위해, 어떤 상속인이 피상속인(사망한 사람으로서 상속재산을 물려주는 사람)의 생전에 피상속인으로부터 미리 증여받은 것이 많으면(특별수익) 법정상속분보다 적게 받도록 조정하고, 어떤 상속인이 다른 상속인들과 달리 피상속인을 특별히 부양하거나 상속재산의 유지나 증가에 기여한 경우(기여분)에는 법정상속분보다 더 많이 받도록 조정할 수 있습니다.

먼저 장남 B가 임의로 인출 해 C와 나누어 가진 예금은 분할 대상인 상속재산이 될까요? 물론 상속이 개시되는 시점인 아버지의 사망 당시 그 예금은 실제로 존재하지 않았습니다. 이런 경우 분할 할 상속재산의 대상에서 제외하면, 임종을 앞두거나 임종을 앞두지 않더라도 치매나 뇌병변 등으로 인지능력이 떨어져 혼자서 사무를 처리할 능력이 없는 사람의 재산에 대해, 상속인이 될 사람의 무분별한 예금 인출 또는 처분 행위가 늘어날 가능성이 큽니다. 실제로 이런 일은 빈번하게 발생하고 있는데, 성년후견제도가 도입되기 전에는 예금주가 의식불명인 상태이어도 배우자나 가족이 비교적 쉽게 예금을 출금할 수 있었습니다.

그러나 2013년 6월 도입된 성년후견제도가 자리를 잡아가고 금융기관과 등기소는 물론 일반 국민에게까지 널리 홍보되면서, 은행의 이른바 단골이나 VIP 고객이라고 하더라도 정상적인 정신상태가 확인되는 예금주 본인의 출석이나 권한 있는 대리인 또는 후견인의 청구가 없는 한 예금 출금이 거의 어렵게 되었습니다. 사례는 2008년의 일이기 때문에, 아버지의 예금통장과 도장을 지참한 아들인 B로서는 비교적 쉽게 아버지의 예금을 무단으로 인출 할 수 있었을 것입니다.

아들들이 무단으로 인출 한 예금도 상속재산 분할이 되어야 합니다. 이때 상속재산 분할의 대상이 되는 것은 사망하기 전에 아버지가 B에 대해 가지고 있는 부당이득반환청구권 또는 불법행위로 인한 손해배상청구권이 됩니다.

부당이득반환청구권이란 법률상 정당한 원인 없이 이득을 얻은 사람에 대해 손해를 입은 사람이 돌려달라고 할 수 있는 권리이고, 불법행위로 인한 손해배상청구권은 횡령이나 배임, 사기 등 불법행위로 손해를 입힌 사람에게 배상을 청구할 수 있는 권리입니다.

다음으로 문제가 되는 것은 예금채권과 같이 쉽게 나누어질 수 있는 권리(가분채권)도 상속재산 분할이 되는지 입니다. 즉 부동산과 같이 쉽게 나눌 수 없는 권리에 대해서는 분할이 의미가 있지만, 쉽게 나누어질 수 있는 예금채권 같은 권리는 피상속인이 사망함과 동시에 상속인들에게 법정상속분에 따라 분할 귀속되기 때문에 분할의 문제는 애초부터 생기지 않는 것입니다.

법률적으로 다소 복잡한 문제이기는 한데 대법원이 내린 결론만 확인하면, 원칙적으로 예금채권과 같은 가분채권은 상속이 개시됨과 동시에 상속인들 사이에 법정상속분대로 상속하게 되므로 상속재산분할의 대상이 되지 않습니다. 하지만 공동상속인 중에 피상속인으로부터 생전에 증여를 많이 받은 사람이 있어 예금채권을 법정상속분대로 나누게 되면 불공평한 결과가 생기는 상황에는 특별수익이나 기여분 등을 고려해서 공동상속인들 사이에 공평한 결과가 되도록 나눌 수 있다고 판단했습니다.

마지막으로 상속개시 당시 피상속인의 사망 시점에는 상속재산이 존재하였지만, 이후에 일부 상속인이 마음대로 처분하거나 어떤 사유로 없어진 경우에는 어떻게 될까요?

이에 대해 우리 법원은 상속개시 당시의 상속재산이 처분, 멸실, 훼손 등의 이유로 실제로 분할 할 때는 존재하지 않게 되었다면 원칙적으로 그 상속재산은 분할 대상으로 삼을 수 없습니다. 그렇지만 그 상속재산을 처분한 대금이 있거나 보험금이나 보상금처럼 그 상속재산을 대가로 취득한 재산이나 그 변형물이 있으면 분할의 대상이 될 수 있다고 했습니다. 즉 사례의 경우에도 상속개시 당시 존재하던 4억 원의 예금이 상속개시 후에 다른 채권자의 집행이나 은행의 공탁에 의해 사라졌지만, 구상권 또는 공탁금출급청구권의 형태로 변형돼 존재하고 있

알아두면 쓸모 있는 세금 상식사전 **상속 증여 절세법**

으므로 이 예금채권은 여전히 상속재산 분할 대상이 된다고 판단했습니다.

정리하면 아버지 생전에 많은 부동산과 현금을 증여받은 아들들은 상속 재산 분할에서 제외되고, 딸들인 A와 D가 큰아들 B에 대한 부당이득반환청구권 9,000만 원, 작은아들 C에 대한 부당이득반환청구권 1억 원, 남아있던 예금 4억 원을 나누어 가지게 되었습니다.

상속세 엄마가 대신 내줘도 될까?

세알못 : 얼마 전 남편이 지병으로 사망하면서 70억 원에 이르는 재산은 법정 상속비율로 아내와 자녀들에게 상속됐습니다. 금액으로 보면 제가 30억 원, 자녀는 각각 20억 원씩입니다.

상속세는 총 14억 원 정도입니다. 이미 저의 명의로 된 재산이 많습니다. 그래서 자녀들이 분담할 상속세를 자기가 대신 내주고 싶습니다. 자녀들에게 이런 뜻을 알렸더니 자녀들은 어머니에 대한 도리가 아니라면서 손사래를 칩니다. 게다가 자식이 내야 할 부분의 상속세를 어머니가 대신 내주면 어차피 증여로 평가돼 또다시 증여세가 부과되니 실익도 없다고 합니다. 그냥 상속받은 비율대로 상속세도 분담해서 내자고 합니다. 과연 자식들을 도울 수 없는 건가요?

택스코디 : 피상속인으로부터 상속받은 재산에 대해 내야 할 상속세는 유산 총액을 기준으로 계산합니다. 이렇게 계산된 상속세에 대해서 상속인 각자는 재산분배비율에 따라 납부할 의무가 있습니다.

남편의 재산 70억 원은 법정 상속비율에 따라 상속됐습니다. 상속비율은 아내가 1.5이고, 자녀들은 각 1이 됩니다. 상속받은 비율대로 내면 상속세 14억 원에 대해서 아내가 6억 원, 자녀들이 각각 4억 원씩 내야 합니다.

한편 상속인들은 각자가 받았거나 받을 재산을 한도로 연대해서 상속세를 내야 할 의무가 있습니다. 상속인 중 일부가 분담해야 할 상속세를 내지 않을 경우, 나머지 상속인들이 연대 책임을 진다는 말입니다.

아내는 30억 원, 자녀들은 각자 20억 원을 상속받았습니다. 아내의 상속세 분담분은 6억 원이니, 자신이 상속받은 재산 30억 원에서 상속세 분담분 6억 원을 뺀 24억 원 범위 안에서 연대책임을 진다는 겁니다. 물론 자녀들이 상속세를 내지 않을 경우입니다.

결론부터 말하면, 30억 원을 상속받은 아내가 상속세 14억 원 전액을 내도 됩니다. 상속인들은 모두 상속세의 연대납세의무가 있기 때문입니다.

이렇게 아내가 상속세를 전액 낸다면, 자녀들의 상속세 부담은 완전히 사라집니다. 아내가 자녀들의 상속세 분담분을 현금으로 증여한 것과 마찬가지 효과를 보게 됩니다. 그렇다고 다시 증여세가 부과되지도 않습니다. 아내의 연대납세의무 범위 내이기 때문입니다. 이처럼 망인의 배우자가 상속세를 단독으로 내면, 자녀의 상속세 부담을 없애면서 증여의 효과까지 누릴 수 있습니다.

다만 배우자가 상속세를 전부 내기로 결정하기에 앞서, 좀 더 고민해야 할 부분은 분명히 있습니다.

1. 행여나 새로운 증여의 문제가 발생하지 않도록 주의해야 합니다.

만약 자신이 받은 상속재산보다 더 많은 금액을 상속세로 낸다면 그 부분은 증여가 되어 별도로 부과됩니다. 이 사건에서 남편이 자녀들에게 재산 대부분을 상속하고, 배우자에게는 10억 원만 상속했다고 가정해보겠습니다. 배우자가 상속받은 재산이 10억 원인데, 상속세 14억 전부를 낸다면 10억 원을 초과한 나머지 4억 부분에 대해서는 아내가 자녀들에게 증여한 것이 됩니다. 따라서 4억 원에 대한 증여세가 부과됩니다.

2. 상속세 납부 이후에도 배우자에게 경제적 기반이 남아있어야 합니다.

이 사건에서 아내는 상속받은 재산이 30억 원인데, 상속세 14

억 원을 현금으로 내면 남아있는 재산이 절반 정도로 줄어들게 됩니다. 만약 남아있는 재산이 거주 중인 주택 등으로 현금화가 어렵고, 자녀들이 어머니를 나몰라라 하는 경우라면 경제적 어려움에 빠질 수 있습니다.

아내는 이미 자신이 보유한 재산이 많아서 문제가 되지 않았지만, 그렇지 않은 경우라면 고민해볼 필요가 있습니다. 자녀들의 요구에 따라 어머니가 자녀들의 상속세 분담 부분까지 대신 내주었다가, 말년에 경제적 곤궁에 시달릴 수도 있는 겁니다.

부모님이 돌아가시면 무조건 상속세를 내야 하나?

세알못 : 부모님이 돌아가시면 무조건 상속세를 내야 하나요? 지인의 말은 상속재산 규모에 따라 상속세를 한 푼도 물지 않을 수 있다고 합니다. 예상되는 상속재산과 가족현황은 다음과 같습니다.

- 예상 상속재산 : 14억 원 (예·적금 4억 원, 아파트 등 부동산 10억 원)
- 공동상속인 현황 : 어머니, 출가한 딸 1명
- 재산분할 : 부동산 10억 원은 딸, 예·적금 4억 원은 어머니가 상속

택스코디 : 상속재산이 많지 않을 때는 상속세를 전혀 내지 않고 재산을 상속받을 수 있습니다. 상속공제를 통해 상당 금액이 공제되기 때문입니다. 상속세를 계산해 보면 아래와 같습니다.

구분	금액	구분	금액
상속재산	14억 원	산출세액	54,000,000
상속재산공제	(−)10.8억 원	3.2억 원 × 20% − 1천만 원	
일괄공제 5억 원, 배우자공제 5억 원 (배우자에게 5억 원 이하를 상속해도 최저 5억 원 공제) 금융재산공제 8천만 원 (4억 원 × 20%)		신고세액공제	(−)1,620,000원
		54,000,000 × 3%	
과세표준	3.2억 원	자진납부세액	52,800,000

상속세는 상속재산의 구성항목, 공동상속인의 현황, 배우자에게 상속되는 재산 가액에 따라 달라집니다. 따라서 일률적으로 상속세를 내지 않는 상속세 면세점을 정할 수는 없으나, 대략적인 상속세 면세점을 열거하면 다음과 같습니다.

상속인 현황 및 상속재산 구성		상속세 면세점
배우자 생존 여부	금융재산 존재 여부	
X	X	5억 원
O	X	10억 원
O	O	10억 원 ~ 12억 원

배우자에게 5억 원 이하 상속한다고 가정할 때 이며, 배우자에게 5억 원 넘게 재산이 상속될 때에는 그만큼 상속세 면세점

은 늘어납니다.

따라서 상속재산이 12억 원을 초과할 때에는 배우자에게 5억 원을 초과하여 상속재산을 분할하거나 기업상속공제, 동거주택 상속공제 등 다른 공제를 적용받아야 상속세가 부과되지 않습니다.

사망 시 상속세가 얼마나 나올지는 상속공제에 따라 달라지므로 약간의 가정을 통해 재산가액별 예상 상속세를 계산해 보겠습니다. 예상 상속세를 보면 상속재산이 30억 원을 넘으면 최초 상속세가 4억 원을 넘기 때문에 사전에 꼭 상속증여 전략 수립이 필요합니다.

상속 재산 규모	예상 상속세			
	배우자가 없는 경우	배우자 공제 5억	배우자 공제 7억	배우자 공제 10억
15억 원	2억 3,200만 원	8,700만 원	4,800만 원	–
20억 원	4억 2,600만 원	2억 3,200만 원	1억 7,400만 원	8,700만 원
30억 원	8억 1,400만 원	6억 2,000만 원	5억 4,300만 원	4억 2,600만 원

알아두면 쓸모 있는 세금 상식사전 **상속 증여 절세법**

40억 원	12억 5,100만 원	10억 8,000만 원	9억 3,100만 원	8억 1,400만 원
50억 원	17억 3,600만 원	14억 9,300만 원	13억 9,600만 원	12억 5,100만 원

상속세 세금 계획은 상속인인 자녀들이 먼저 언급하기가 매우 곤란합니다. 부모가 생존해 계시는데 사망을 전제로 하여 계획을 세운다는 것이 불효를 저지르는 것으로 생각되고, 재산의 분배처분 등에 관한 결정은 피상속인이 해야 하기 때문입니다. 따라서 상속세 세금 계획은 피상속인이 세워서 대비하는 것이 바람직합니다.

또 상속세 세금 계획은 단시일 내에 시행할 수 있는 것만으로는 효과가 크지 않으며, 10년 이상의 장기간에 걸쳐 시행해야 효과가 크므로 하루라도 빨리 계획을 수립하여 시행하는 것이 좋습니다. 자녀 명의로 보장성보험을 들어 놓는다든지, 사전증여 등으로 세금을 낼 수 있는 능력을 키워 놓는다든지 등 납세자금대책이 검토되어야 합니다.

아들이 딸보다 상속재산을 더 많이 받나?

　　상속재산의 분배 결정권은 상속재산의 소유주가(피상속인) 부모에게 있으므로 특정 자녀의 바람대로 되는 것은 아닙니다. 그러나 재산분배가 공동상속인인 자녀들 생각과 크게 다른 경우에 법정 소송까지 가기도 하죠. 그러므로 미리 상속에 대해 알아두고 준비할 필요는 있습니다. 과거에는 장남인 아들이 부모님의 재산 전부를 또는 다른 공동상속인보다 더 많은 재산의 상속이 법적으로 가능하던 시절도 있었습니다. 옛날에는 관습적으로 장남이 부모님을 모시고 살고, 돌아가신 후에는 제사를 지내는 등 다른 자녀들보다 책임과 의무가 많았기 때문에 더 많은 상속지분이 법적으로 보장되었습니다. 그러던 것이 지금으로부터 약 30여 년 전인 1991년 1월 1일부터 비로소 아들, 딸이 차별 없이 같은 상속지분을 받을 수 있게 됐습니다.

현재 적용되는 법정상속은 자녀는 아들, 딸, 출가 여부와 상관없이 동일 비율(각1)로 상속할 수 있고, 배우자는 거기에 5할을 더해 1.5의 비율로 상속할 수 있습니다. 그런데 상속재산분할에 있어서 법정상속이 최우선 순위는 아닙니다. 피상속인 (고인)의 유언 (지정상속)이 최우선 적용되고, 다음으로 유언이 없을 때는 공동상속인 모두가 참여, 모두가 동의하는 방식인 협의상속으로 결정됩니다. 유언이 없고 협의분할도 이루어지지 못한 경우 법정상속이기 때문에 자녀 각 1, 배우자 1.5의 법정상속 비율이 무조건 보장되는 것은 아닙니다.

유언에 따라 법정상속 비율대로 상속재산 분배가 이루어지지 않을 수도 있는 것입니다. 그런데 유언에 의한 재산 처분의 자유를 무한정 허용하면 그로 인해 유족들의 생계가 곤란해지거나 상속권이 지나치게 침해되는 경우가 발생할 수 있으므로 민법에서는 이를 방지하기 위해 유류분 (상속인을 위해 남겨두어야 하는 최소한의 몫) 제도를 두고 있습니다. 자녀(직계비속)와 배우자에게는 법정상속분의 1/2을 유류분으로 인정해 주고 있습니다.

세알못 : 유류분 제도에 대해 조금 더 구체적으로 설명해 주세요

우선 법정상속분을 자녀 1, 배우자 1.5의 비율로 계산하면 자녀는 4억 원, 배우자는 6억 원이다. 그리고 이들의 유류분은 법정상속분의 1/2이므로 자녀는 2억 원, 배우자는 3억 원이 됩니다. 혹시 유류분이 침해되는 유류분 권리자가 발생한다면 부족한 유류분의 한도 내에서 유증받은 자 또는 공동상속인을 상대로 유류분 반환 청구권을 행사할 수 있습니다. 가령 피상속인이 공동상속인들 중에서 특정 상속인에게 생전에 전 재산을 증여했다면 그 증여재산에 대해서도 유류분 반환청구가 허용됩니다.

가족 내의 상속 다툼이나 법적 분쟁을 막기 위해서는 우선 부모가 자녀를 차별하지 않고 공평하게 재산을 분배해 주는 것이 중요하고, 혹시 불공평한 재산분배가 불가피하다면 가족들 간에 소통, 배려, 분배조정 노력 등이 필요하며 공동상속인들 중에서 유류분을 침해받는 상속인이 있는지도 살펴봐야 합니다.

그리고 유언 작성만 잘 해도 상속을 둘러싼 가족 간 분쟁을 막을 수도 있으므로 요즘 유언장 작성의 중요성이 부각 되고 있습니다. 민법 제1065조는 유언 형태로 자필증서, 공정증서, 녹음, 비밀증서, 구수증서의 5가지를 인정하고 있습니다. 각각 정해진 방식과 요건을 갖추지 않으면 유언자의 진의와 관계없이 유언은 무효가 되기 때문에 유언장은 법률 전문가를 통해 법정 요건에 맞춰서 작성해야 합니다.

배우자 법정상속분은 얼마인가?

세알못 : 최근 배우자가 사망해 상속세 신고를 준비 중입니다. 저는 향후 큰돈이 필요할 것 같지 않고, 제가 상속받은 뒤 사망하면 상속세가 또 발생할 것이므로 상속재산 대부분을 자녀들이 받는 것으로 하려고 합니다. 배우자가 사망한 경우 상속세를 신고할 때 배우자 상속공제를 30억 원까지 받을 수 있다고 알고 있는데 총 상속재산 규모가 30억 원 이상이면 가능한지, 아니면 제가 30억 원 이상 상속받아야 적용되는 것인지 궁금합니다.

택스코디 : 피상속인의 상속재산은 애당초 부부가 함께 노력해 일군 것으로 볼 수 있습니다. 또 피상속인이 사망한 뒤 그 배우자가 기본적인 경제생활을 유지할 수 있도록 배려할 필요도 있습니다. 세법은 이런 점을 고려해 배우자가 실제로 상속받은 금액을 전체 상속세 과세가액에서 공제하는 제도를 마련해 뒀습니다. 다만 무제한 공제하면 고액 자산가의 세 부담이 지나치게 줄어들 우려가 있어 일정한 한도를 두고 있습니다.

1. 배우자가 실제 상속받은 금액, 2. 상속재산에 배우자의 법정상속분을 곱해 계산한 금액에서 상속재산에 가산한 증여재산 중 배우자에게 증여한 재산가액을 차감한 금액, 3. 30억 원 중 적은 금액을 한도로 상속세 과세가액에서 공제합니다.

배우자 상속공제를 적용받으려면 상속세 과세표준 신고기한의 다음 날부터 9개월이 되는 날(배우자 상속재산 분할 기한)까지 배우자의 상속재산을 분할하고 이를 납세지 관할 세무서장에게 신고해야 합니다.

여기서 주의해야 할 점은 상속재산이 등기·등록·명의개서 등이 필요한 경우 그 등기·등록·명의개서 등을 실제로 완료해야 한다는 것입니다. 상속인들이 추상적인 법정상속분에 따른 배우자 상속공제를 받아 상속세를 납부한 뒤 상속재산을 배우자가 아니라 자녀 몫으로 분할함으로써 배우자 상속공제를 받은 부분에 대해 조세 회피하는 것을 방지하기 위함입니다.

가령 상속재산인 부동산을 상속인들 사이에 법정상속 지분에 따라 상속하는 것으로 구두 협의를 할 때 편의상 협의 내용을 별도 문서로 남기지 않고 '상속'을 원인으로 등기를 신청하는 사례가 있습니다. 그러나 배우자 상속공제를 받으려면 상속재산분할협의서를 작성해 협의 내용을 문서화 할 필요가 있으며 이를 바탕으로 '협의분할에 의한 상속'을 원인으로 등기를 하는 것이 좋습니다.

다만 상속재산 분할심판청구 등 특정한 사유로 배우자 상속재산 분할 기한까지 상속재산을 분할할 수 없는 경우가 생길 수 있습니다. 이때는 신고기한을 연장해주고 있으나 그 사유 역시 배우자 상속재산 분할 기한까지 납세지 관할 세무서장에게 신고해야 합니다.

만약 배우자가 상속받은 금액이 없거나 상속받은 금액이 5억 원 미만이면 5억 원을 상속세 과세가액에서 공제받을 수 있습니다. 이는 상속재산을 분할하지 않은 채 배우자의 상속재산을 신고하거나 상속세 신고를 하지 않은 경우에도 마찬가지 입니다.

참고로 여기서 배우자란 민법상 혼인으로 인정되는 혼인 관계에 의한 배우자를 말합니다. 이 때문에 사실혼 관계의 부부라도 혼인신고를 하지 않았다면 배우자 상속공제 대상이 되지 않습니다. 반대로 협의이혼 신청은 했으나 협의이혼이 성립되지 않은 상태에서 배우자가 사망했다면 법률상 배우자이므로 배우자 상속공제를 적용받을 수 있습니다.

세알못 : 배우자 법정상속분은 얼마인가요?

택스코디 : 2명 이상의 상속인이 공동으로 상속재산을 승계하는 경우 법으로 정한 각 상속인이 승계할 몫을 법정상속분이라고 합니다. 같은 순위의 상속인이 여러 명이면 그 상속분은 같은 것으로 합니다. 배우자 상속분은 직계비속과 공동으로 상속하는 경우 직계비속의 상속분에 50%를 가산하고, 직계존속과 공동으로 상속하는 경우엔 직계존속의 상속분에 50%를 가산합니다.

예를 들어 A가 배우자 B, 3명의 자녀 C, D, E, 어머니 F를 두고 사망했다면 C, D, E는 1촌의 직계비속이고 B는 배우자이므로 B, C, D, E는 같은 순위의 상속인이 돼 A의 상속재산을 공동 상속하게 됩니다. 어머니 F는 피상속인의 직계존속으로 피상속인에게 자녀가 있으므로 후순위 상속인이 돼 상속받지 못합니다. 공동상속인은 상속분을 균분하되 배우자의 경우엔 직계비속 상속분의 50%를 가산하므로 자녀 C, D, E는 각각 2/9 상속분을, B는 3/9 상속분을 가집니다.

며느리·사위에 미리 주면 상속세 부담을 준다?

상속세 부담을 줄이기 위해서는 사전에 증여하는 것이 가장 효과적인 방법이라고 합니다. 사전증여도 증여 대상으로 누구로 하느냐 혹은 얼마나 증여하느냐에 따라 절세효과가 크게 달라집니다. 특히 자녀 외에 며느리나 사위에게 사전증여하는 방법도 좋은 세테크입니다.

상속개시일 전 10년 이내에 피상속인이 상속인에게 증여한 재산은 상속재산에 합산합니다. 따라서 사전상속재산에 합산되는 기간보다 더 이전에 증여한다면 그만큼 상속재산이 줄어드는 효과가 있습니다.

만약 상속개시일 전 10년 이내에 증여했다고 하더라도 상속 당시의 금액이 아닌 증여 당시의 금액으로 상속세를 계산한다는 것이 장점입니다.

현행법상 상속세나 증여세의 세율이 같기 때문에 내야 할 세금도 같다고 생각할 수 있겠지만, 부동산이나 주식처럼 시간이 갈수록 가치가 오르는 재산은 증여 시점의 기준에서 세액을 산출할 수 있으므로 유리할 수밖에 없죠. 현금도 증여 후 재투자하는 것까지 고려한다면 마찬가지로 이득입니다.

피상속인이 상속인에게 증여한 재산은 상속개시일 전 '10년 이내'에 증여된 것을 상속재산에 합산하는데, 만약 피상속인이 상속인이 아닌 사람에게 증여한 경우에는 '5년 이내'의 사전증여액만 상속재산에 합산하게 됩니다.

예컨대 며느리나 사위는 상속인이 아니므로 사전 5년 이전에만 증여한다면 상속재산에 합산될 걱정은 안 해도 되는 것입니다. 따라서 아들이나 딸에게 사전증여를 하고 싶은데, 상속재산에 합산되는 것이 부담되는 경우에는 며느리나 사위에게 증여하는 방법을 이용할 수 있습니다.

세알못 : 며느리나 사위에게 사전 증여할 때 주의할 점은 무엇인가요?

또 며느리나 사위에게 증여한 경우 우회증여에 대한 의심을 받을 수 있다는 것에도 주의해야 합니다. 며느리나 사위에게 증여했지만, 아들이나 딸이 그 돈으로 부동산을 매입한 경우, 국세청은 실질적으로 아들이나 딸에게 증여한 것으로 판단하고 증여세를 물릴 수도 있습니다.

배우자 간 증여 역시 6억 원까지 공제되기 때문에 증여세를 내지 않아도 된다고 생각하는 분들이 많습니다. 배우자에게 증여한 금액이지만 실질적으로 자녀가 사용한 경우에는 증여세를 추징당할 수 있습니다.

참고로 경제적 능력이 없는 미성년자 등에게 부동산을 증여한 경우에는 증여 이후 증여세 납부액에 대한 자금출처도 소명해야 합니다. 부동산을 증여하고 해당 증여가액에 해당하는 증여세를 신고·납부했다 하더라도, 경제적 능력이 없는 자녀는 증여세액조차 감당하기 어렵다는 것이 합리적으로 의심되기 때문입니다. 이때 과세 관청에서는 증여세액을 부모가 재차 증여한 것으로 보고 증여세를 부과하게 됩니다.

특히 이런 경우에는 허위신고에 해당해 신고세액공제도 적용되지 않게 되고, 신고불성실가산세나 납부불성실가산세까지 함께 고지되기 때문에 각별한 주의가 필요합니다.

따라서 증여세 납부능력이 없는 사람에게 부동산과 같은 재산을 증여할 때에는 미리 증여세 상당액의 현금을 함께 증여하고 세금을 신고·납부하는 것이 좋습니다.

또 상속개시일 이후 6개월 이내에 매매계약이 체결된 경우 양도소득세를 내지 않아도 된다는 장점이 있습니다. 그 이유는 상속인이 상속재산을 6개월 이내에 매매하면 그 매매가액이 상속재산 가액으로 인정됩니다. 따라서 상속액과 양도액이 같아져 양도차익이 없어지는 것입니다. 물론 이때 매매는 상속인 간이 아닌 불특정다수의 자유로운 거래로 이뤄져야 합니다.

부모를 부양하면
상속세 부담이 줄어든다

상속세를 계산할 때 부모와 자식이 함께 살던 주택은 상속재산에서 공제합니다. 1세대 1주택을 10년 이상 유지하면서 부모님을 모시고 살았다면 자식이 내야 할 상속세를 일부 감면해주는 것입니다. 이를 동거주택 상속공제라고 합니다.

동거주택 상속공제를 적용하려면 상속받는 자식이 미성년자였던 기간을 제외하고 10년을 채워야 합니다. 상속받은 집이 여러 채인 경우에도 공제를 받을 수 없습니다.

2019년까지 공제비율은 상속재산의 80% 수준이며, 공제한도액은 5억 원이었습니다. 5억 원짜리 주택이라면 4억 원을 공제한 셈입니다. 주택에 담보대출이 포함됐으면 채무액만큼 상속재산에서 빼주기도 합니다.

그런데 2020년부터 공제비율과 한도가 다소 늘어납니다. 상속재산의 100%를 공제받을 수 있고, 한도는 6억 원으로 올라갑니다. 6억 원짜리 동거주택을 물려받는다면 6억 원을 모두 공제받게 됩니다.

> **세알못 : 동거주택 상속공제를 적용받기 위해서는 어떤 조건을 갖춰야 하나요?**

> **택스코디 : 다음의 요건을 모두 갖춰야만 합니다.**

1. 피상속인과 직계비속인 상속인이 상속개시일부터 소급해 그 이전 10년 이상 계속 하나의 주택에서 동거한 경우여야 합니다. (다만, 상속인이 미성년자인 기간은 동거 기간에서 제외됩니다.)

2. 상속개시일부터 소급해 그 이전 10년 이상 계속 1세대 1주택에 해당해야 합니다. 예외적으로 이사·혼인·동거봉양을 위해 1세대가 일시적으로 2주택을 소유한 때에도 1주택을 소유한 것으로 봅니다.

3. 상속개시일 현재 무주택자이거나 피상속인과 공동으로 1세대 1주택을 보유한 자로서 피상속인과 동거한 상속인이 상속받은 주택이어야 합니다.

그런데 이와 같은 요건 중에서 특별히 2020년부터 변화된 부분이 있습니다. 먼저 본 상속공제를 적용받기 위한 요건 중에서 상속인이 무주택자일 것에 관한 사항에 대한 변화입니다. 가령, 부모 중 아버지가 먼저 사망하면서 아버지 명의의 주택을 어머니와 자녀가 공동으로 상속받게 되는 경우가 있습니다. 이후 어머니마저 사망하면서 새롭게 상속이 개시될 때 자녀가 가진 일부 지분에 대해 무주택자로 볼 것인지 유주택자로 볼 것인지가 다툼이 될 수 있습니다.

이 쟁점에 대해 과거 국세청은 무주택자의 요건을 갖추지 못한 것으로 보고 동거주택 상속공제를 적용받을 수 없다고 했습니다. 그러나 1세대 1주택 등 다른 공제요건을 모두 갖췄었음에도, 상속인이 지분 일부를 보유하고 있다는 이유로 상속공제의 기회를 아예 박탈하는 것은 1세대 1주택 실수요자의 상속세 부담을 완화하려 마련된 제도의 취지에 반하는 문제로 이어질 수 있습니다.

이에 2019년 말 세법 개정 시 2020년 1월 1일 이후 상속이 개시되는 부분부터는 상속인과 피상속인이 공동으로 1세대 1주택을 보유한 때에도 동거주택 상속공제가 가능하도록 보완이 되었습니다.

또 피상속인이 1세대 1주택일 것에 관한 사항도 다툼의 소지가 있었습니다. 예를 들어 조부모의 사망으로 인해 1세대 1주택인 아버지가 아버지의 형제들과 상속주택을 공동으로 상속받게 되는 경우가 있습니다. 이후 아버지마저 사망하게 된 경우, 피상속인인 아버지가 1세대 1주택 요건을 갖췄다고 볼 수 있는지가 문제가 되는 상황입니다.

이에 2019년 말 세법 개정 시 피상속인 또는 상속인이 제3자로부터 상속으로 인하여 여러 사람이 공동으로 소유하는 주택을 소유하게 된 경우, 1세대가 이미 다른 주택을 소유하고 있더라도 1주택만을 소유한 것으로 볼 수 있도록 세법을 보완했습니다.

다만 피상속인 또는 상속인이 해당 상속주택의 공동소유자 중 가장 큰 상속지분을 소유한 경우는 실질적으로 독립된 하나의 주택을 소유한 셈이라고 할 것이므로 이 경우는 1세대 1주택에 해당하지 않도록 제한 했습니다.

이 규정에서 특히 주목할 부분은 본 개정규정의 시행시기가 2020년 2월 11일 이후 결정 또는 경정하는 경우부터 적용되도록 부칙이 마련됐다는 것입니다. 따라서 과거 이러한 문제로 인해 동거주택 상속공제를 받지 못한 상속인이 있다면 경정청구를 고려할 필요가 있습니다.

동거주택 상속공제의 취지는 1세대 1주택 실수요자의 상속세 부담을 완화하기 위한 것일 뿐만 아니라 상속인의 주거 안정을 도모하려는 목적입니다.

상속받은 주택의 지분이 소수에 불과해 피상속인이 독자적인 소유권을 전혀 행사하지 못하는 현실에도 불구하고, 본인의 의사와 상관없이 상속주택의 소수지분을 상속받았다는 이유만으로 동거주택 상속공제의 적용을 배제하는 것은 옳지 않습니다.

이는 상속인들의 주거 안정이 우연한 사정으로 박탈되는 결과로 이어져 동거주택 상속공제의 취지에도 반하게 되는 것입니다. 이러한 점에 비추어 볼 때 이번 개정은 납세자의 현실을 한 걸음 더 가까이에서 고민해준 합리적인 개정입니다.

상속으로 주택을 취득하면 양도세 비과세 특례 적용된다

상속으로 주택을 취득할 경우 특정 요건을 갖추면 향후 처분 시 양도소득세 비과세를 적용받을 수 있습니다.

가령 남편과 부인이 각각 주택 한 가구를 보유하다가 남편이 먼저 사망해 피상속인(남편) 소유 주택을 부인과 자녀가 공동 상속받는 경우라고 가정해 봅시다.

이때 부인이 본인 소유 집을 양도할 때 비과세를 적용받을 수 있는지는 소수 지분자의 주택에 대한 소유자 판정 기준에 따라 달라집니다.

배우자와 자녀가 법정상속 비율대로 등기하면 피상속인의 배우자는 1순위 상속인인 자녀와 동순위 상속인이 됩니다. 이때 비율은 배우자가 자녀보다 50%를 더 받게 됩니다. 예를 들어 배우자와 자녀 두 명일 경우 법정상속 비율은 배우자 1.5 / (1.5+1+1)이고 자녀는 각각 1 / (1.5+1+1)로 정해집니다. 배우자가 최대 지분자가 돼 이 집은 세법상 배우자 소유로 간주합니다. 이 경우 배우자는 본인 명의 주택 양도 시 비과세를 적용받을 수 없습니다. 상속주택 비과세 특례는 동일 가구원인 상태에서 상속받은 때에는 인정되지 않기 때문입니다.

세알못 : 상속주택을 두 번 받는 경우는 어떨까요.

택스코디 : 다음 사례를 한번 볼까요.

A 씨는 일반주택이 있는 상태에서 부친으로부터 주택을 상속받았습니다. 상속주택을 받기 전에 일반주택이 있었고 부친과 별도 세대를 구성했을 때, 일반주택을 먼저 매매하게 되면 이 일반주택은 양도세 비과세를 적용받을 수 있습니다. 이후 A 씨는 상속주택으로 이사했고 A 씨의 모친은 부친 장례 후 A 씨와 합가하지 않고 새로 집을 사서 이사했습니다. 이후 모친이 사망했을 때 모친 명의 집을 다시 A 씨가 상속받으면 일반주택의 요건을 갖춘 부친 상속주택은 다시 비과세 특례가 가능합니다. 즉 상속주택 특례는 두 번 받을 수도 있는 것입니다.

알아두면 쓸모 있는 세금 상식사전 **상속 증여 절세법**

이렇듯 주택을 상속받게 될 때는 모친의 주택 소유 및 구입 계획, 향후 동거봉양 여부를 고려해 상속인 간 지분비율을 따져서 재산을 분할 상속하면 좋습니다. 상사(喪事)는 혼인과 더불어 가정의례 중 가장 큰 행사입니다. 대개 황망한 중에 큰일을 치르게 돼 미리 대비하기가 어렵고 상실감으로 인해 평정심을 찾는 데도 오래 걸립니다. 경황 중에 재산을 나누면서 세법을 몰라 일을 그르치지 않도록 충분히 생각하고 사전에 대비하는 자세가 필요합니다.

감정평가를 통한 절세법, 모든 상속주택에 해당되지 않는다

주택을 상속받는 경우, 집값의 감정평가를 받은 후 상속세를 신고하면 좋습니다. 이는 상속세 절세를 위한 절세 팁이 아니라 이후 상속주택을 양도할 때 양도소득세를 줄이기 위한 절세 팁입니다.

세알못 : 감정평가가 왜 절세에 도움이 되는지, 구체적인 감정평가방법은 무엇인가요?

택스코디 : 상속받은 주택은 상속가액이 주택의 취득가액이 됩니다. 그 금액이 낮으면 상속세나 증여세 부담은 적지만, 나중에 양도차익이 커져서 양도세 부담이 늘어나는 문제가 있습니다. 반대로 같은 조건에서 상속가액이 높으면 추후 양도소득세 부담이 줄겠지만, 상속세 부담을 늘 수 있습니다.

알아두면 쓸모 있는 세금 상식사전 **상속 증여 절세법**

문제는 상속세 신고 때 대부분 상대적으로 낮은 가격으로 신고를 한다는 것입니다. 상속받은 주택은 실제 '거래'된 것이 아니므로 시가를 확인하기 어렵고, 따라서 상대적으로 낮은 평가금액인 기준시가(공시가격)를 취득가액으로 신고하는 경우가 많은 것입니다. 세법에서도 상황에 따라 기준시가를 상속가액으로 인정해주고 있으니 상속인은 당장 상속세 부담을 덜기 위해서라도 낮은 평가금액이 필요합니다.

일반적으로 주택가격이 꾸준히 상승해 왔다는 점을 고려하면 결국은 양도소득세 부담이 많을 수밖에 없는 구조입니다. 하지만 이때 감정평가를 통해 실거래가에 가까운 금액으로 상속가액, 즉 취득가액을 올려서 신고해 둔다면 추후 양도소득세 부담을 획기적으로 줄일 수 있다는 것이 감정평가 절세 팁의 핵심입니다.

예를 들어 공시가격 5억 원인 주택을 상속받았고, 5년 뒤 실거래가 15억 원에 양도한다고 가정해 봅시다. 5억 원을 상속가액(취득가액)으로 신고하면 5년 뒤 양도차익이 10억 원이 됩니다. 그런데 이 주택을 감정평가를 통해 상속 당시 실거래가와 유사한 10억 원에 신고한다면 양도차익은 5억 원으로 줄어들게 됩니다.

정리하면 감정평가를 통한 절세법은 모든 상속주택에 해당하지는 않습니다. 상속받은 주택이 너무 고가여서 상당액의 상속세 납부가 불가피한 경우에는 차라리 상속가액이 낮은 것이 유리할 수도 있기 때문입니다.

또 상황에 따라 추후 양도소득세 부담을 생각하기 보다는 당장 상속세를 줄이는 것이 시급할 수도 있습니다.

기본적으로는 상속공제액을 고려해서 상속·증여세 부담을 예측해 본 다음, 추후 양도소득세까지 영향을 주는 감정평가 여부를 판단하는 것이 좋습니다.

참고로 상속의 경우 배우자공제로 5억 원, 일괄공제로 5억 원을 상속재산에서 공제할 수 있습니다. 감정평가로 신고가액, 즉 취득가액을 높이더라도 이런 각종 상속공제를 활용해 상속세 부담이 줄거나 사라진다면 감정평가 절세 플랜은 충분히 활용할 가치가 있습니다.

하지만 공제를 적용하고도 당장 상속세나 증여세 부담이 너무 크다면 감정평가 절세법은 사용하지 않는 것이 낫습니다. 미래의 불확실한 절세보다는 당장 확실한 절세를 선택하는 것입니다.

이때 감정평가사도 이익을 도모하는 사업자이기 때문에 잘 협의한다면 평가금액을 마음대로 바꿀 수도 있다고 생각할 수 있습니다. 잘못된 감정에 따른 평가금액은 국세청이 인정하지 않을 수도 있다는 점을 기억해야 합니다.

> **세알못 : 감정평가는 어떻게 받나요?**

> **택스코디 : 감정평가는 감정평가법인에 의뢰해서 받으면 됩니다. 만약 감정평가를 받을 주택의 공시가격이 10억 원이 넘는다면 감정평가기관 2곳에서 각각 감정평가를 받은 후 그 평균값을 신고해야 합니다.**

> **세알못 : 감정평가 수수료는 비싼가요?**

> **택스코디 : 감정평가 수수료 부담도 고민하지 않을 수 없습니다. 감정평가 수수료는 공인중개사 중개수수료처럼 평가금액을 기준으로 정해져 있습니다.**

평가금액이 5억 원 이하이면 20만 원 + 5,000만 원 초과액의 0.11%, 10억 원 이하이면 69만5,000원 + 5억 원 초과액의 0.09%, 50억 원 이하이면 114만5,000원 + 10억 원 초과액의 0.08%가 기준수수료입니다. 물론 개별적인 수수료 협상은 가능할 수도 있습니다.

참고로 상속주택일 때는 감정평가수수료를 상속재산에서 공제할 수 있다는 것도 알아두면 좋습니다. 부동산 감정평가수수료는 500만 원 한도로 상속재산에서 공제 가능합니다.

주지도 받지도 않은 재산에 세금을 낸다?

세알못 : 아버지는 자수성가한 사업가로 사회적 약자에 대한 자선사업이나 기부 활동에 관심이 많아 꾸준하게 기부를 실천해 왔습니다. 반면 가족에게는 본인의 재산을 상세히 공유하지 않았고, 저도 아버지의 재산에 별다른 관심이 없었습니다.

기부는 익명으로 하는 것이 가장 큰 미덕이라 여겨왔던 아버지는 수차례 예금을 인출 해 각 사회단체에 현금으로 기부금을 전달했습니다. 저를 포함한 가족들은 아버지가 아름다운 선행을 베푼 사실을 전혀 알지 못했습니다.

몇 달이 지난 후 아버지는 병세가 악화돼 별세했고, 장남인 저는 아버지의 남은 재산을 정리하기 위해 세무대리인을 선임해 상속세 신고를 진행했습니다. 그런데 세무대리인에게 뜻밖의 이야기를 듣고 한동안 망연자실할 수밖에 없었습니다. 세무대리인은 "고인께서 돌아가시기 2년 전부터 예금에서 여러 차례에 걸쳐 5억 원 넘게 현금으로 인출 하셨는데, 현행 상속·증여세법상 인출 금액의 사용 용도를 정확히 입증하지 못하면 '추정상속재산'이라는 항목으로 상속재산에 포함 된다"라 며 "만약 추정상속재산을 포함하지 않고 신고할 경우 향후 가산세를 추가로 내야 할 수 있다"라고 설명했습니다.

택스코디 : 일반적으로 상속개시일(사망일) 이전에 재산을 처분해 현금으로 보유하거나, 증여세 신고 없이 자녀에게 현금으로 주면 상속재산을 축소할 수 있어서 세금 부담을 줄일 수 있을 것으로 생각합니다. 그러나 상속개시일 전 재산을 처분하거나 예금을 인출하여 상속세 신고 없이 현금으로 상속해서 상속세를 부당하게 경감시키는 것을 방지하기 위해 '상속개시일 전 처분재산 등의 상속추정' 법 규정이 마련되었습니다. 피상속인이 재산을 처분하여 받거나 피상속인의 재산에서 인출 한 금액이 상속개시일 전 1년 이내에 재산종류별로 계산하여 2억 원 이상인 경우와 상속개시일 전 2년 이내에 5억 원 이상이면 그 금액에 대해 상속인이 구체적인 사용처를 규명하도록 하고, 용도가 객관적으로 명백하지 않은 금액은 상속인이 상속받은 것이라고 추정해 상속재산가액에 포함합니다.

세알못 씨의 아버지는 아무도 모르게 기부를 한 상황이라 아버지가 인출 한 예금의 사용처를 상속인이 소명하지 못한다면 상속세 과세대상이 될 수 있습니다. 다만 아버지가 돈을 어디다 썼는지 일일이 파악하기란 현실적으로 어렵다는 점을 고려해 전액을 상속재산으로 보지 않고 인출 금액의 20%(2억 원 한도)를 차감해 추정상속재산을 계산합니다.

알아두면 쓸모 있는 세금 상식사전 **상속 증여 절세법**

따라서 세알못 씨의 경우 아버지가 2년 동안 인출 한 금액 5억 원 중 1억 원 (20%)을 차감한 4억 원을 상속받았다고 추정해 상속재산가액에 포함하게 됩니다.

최근 과거와 달리 연세 드신 분들이 상속세에 관심이 높아졌지만, 여전히 살아 있는 동안에 본인의 재산을 가족 구성원들에게 알리지 않고 처분하는 경우가 빈번합니다. 생존해 계신다면 여쭤보기라도 할 수 있겠지만, 아무에게도 알리지 않고 예금에서 인출 한 현금을 무슨 용도로 사용했는지 상속인들이 파악하고 입증하기란 상당히 어려울 것입니다. 더욱이 가족 몰래 투자를 하고 크게 실패했거나 사기를 당했을 경우, 도박으로 탕진했거나 내연녀 (남)에게 증여했을 경우 등은 더욱 비밀리에 이뤄졌을 가능성이 커 상속인들이 사용처를 소명하기는커녕 추측하기조차 힘들어 보입니다.

상속이라는 주제는 부모님 생전에 꺼내기 어려운 이야기인 것이 사실입니다. 하지만 자녀가 아는 만큼 상속세를 줄일 수 있습니다. 상속에 대한 사회적 관심이 높아진 요즘 어느 정도 연세가 있는 부모님이라면 자산을 처분하는 경우나 인출 금액이 큰 건에 대해서는 사용처 등 지출 근거를 최대한 마련해 두고 자녀에게 알려주는 것이 바람직합니다. 사랑하는 자녀들에게 억울한 상속세 부담을 안겨주는 것보다는 부모가 먼저 상속에 대해 가족과 대화를 나눌 시기입니다.

상속 후 증여가 유리하다

70대인 A 씨와 B 씨는 고향도 같고 학교도 같이 다닌 절친입니다. 불행하게도 최근 함께 여행을 갔다가 불의의 교통사고로 함께 사망했습니다. A 씨의 경우 배우자와 아들이 10억 원의 재산을 상속받게 됐고, 배우자 없이 딸 하나뿐인 B 씨는 생전에 유증 (유언을 통한 증여)을 해 놓은 대로 외손자가 1억 원을 상속받게 됐습니다.

세알못 : 일반적으로 국내에 주소를 둔 거주자가 사망할 경우 배우자와 자녀가 있으면 최소 10억 원, 자녀만 있어도 최소 5억 원의 상속공제가 가능하다고 알고 있습니다. 그렇다면 A 씨, B 씨의 유족들은 모두 상속세를 내지 않아도 되는 건가요?

택스코디 : 먼저 A 씨의 배우자와 아들은 10억 원의 상속재산에 대해 상속세를 내지 않아도 됩니다. 상속인 중에 배우자가 있어서 최소 5억 원의 배우자공제를 받을 수 있고, 아들이 있으니까 5억 원의 일괄공제도 받을 수 있기 때문입니다. 다시 말하면 상속세 과세가액 (10억 원)에서 상속공제(10억 원)를 빼면 상속세 과세표준이 제로(0)가 되니까 내야 할 상속세도 발생하지 않는 것입니다.

하지만 B 씨의 경우는 외손자가 1,300만 원의 상속세를 내야 합니다. 왜 그럴까요? 그것은 바로 상속공제를 적용받지 못하고, 세대를 건너뛰어 상속할 때에는 할증과세가 되기 때문입니다.

B 씨는 딸 (선순위 상속인)이 있는데도 불구하고 외손자가 1억 원 (상속재산 전부)을 유증 받았기 때문에 상속공제를 받을 수 없게 됩니다. 그래서 B 씨의 상속세 과세가액 1억 원이 그대로 과세표준이 되고, 거기다가 딸을 건너뛰어 외손자에게 상속하게 되면 딸에게 상속할 때보다 산출세액에 30%가 할증되어 부과됩니다. 그러므로 B 씨의 외손자는 1억 원만을 상속받았음에도 1,300만 원의 상속세를 내야 하는 상황이 발생한 것입니다. 다만 신고세액공제(3%)까지 고려한다면 상속세는 1,261만 원이 됩니다.

알아두면 쓸모 있는 세금 상식사전 **상속 증여 절세법**

세알못 : 그렇군요. 그럼 이럴 때 보다 나은 절세 팁이 있나요?

택스코디 : B 씨처럼 자녀세대를 건너 손자에게 상속하고 싶은 경우, 굳이 유증이라는 방법보다 상속 후 증여라는 방법이 세금 측면에서 유리합니다. B 씨가 자녀인 딸에게 1억 원을 상속할 때는 상속세가 없으며, 딸이 손자에게 그 1억 원을 증여하게 되면 5,000만 원(성인 자녀)의 증여재산공제를 받을 수 있으므로 485만 원(3%의 신고세액공제까지 포함)의 증여세만 내면 되기 때문입니다. 물론 B 씨의 딸이 1억 원을 상속받은 후에 외할아버지의 유지(遺志)임을 아들에게 잘 얘기해 주고 증여까지 해 줄 것이라는 믿음이 있어야 하죠.

다만 대습상속의 경우에는 불이익이 없습니다. 대습상속이란 상속개시(피상속인의 사망) 전에 상속인이 될 직계비속이 사망하거나 상속결격으로 인해 상속권을 상실한 경우에 그 사람의 직계비속이 대신해 상속하는 것입니다. 예를 들어 B씨가 사망하기 전에 B 씨의 딸이 먼저 사망해서 B 씨의 외손자가 상속을 받는 상황을 말합니다. 이런 대습상속의 경우에는 상속공제도 적용되고, 세대생략 상속에 따른 할증과세라는 불이익도 없습니다.

알아두면 쓸모 있는 세금 상식사전
상속·증여 절세법

초판 1쇄 발행 2022년 12월 29일

지은이   최용규
발행인   곽철식

디자인   박영정
마케팅   박미애
펴낸곳   다온북스
인쇄   영신사

출판등록   2011년 8월 18일 제311-2011-44호
주소   서울시 마포구 토정로 222, 한국출판콘텐츠센터 313호
전화   02-332-4972   팩스   02-332-4872
전자우편   daonb@naver.com

ISBN 979-11-90149-93-8   (03320)

- 다온북스는 독자 여러분의 아이디어와 원고 투고를 기다리고 있습니다.
  책으로 만들고자 하는 기획이나 원고가 있다면, 언제든 다온북스의 문을 두드려 주세요.